지은이의 말

세계 문화유산 마을로 떠나는 천 년 여행

몇 해 전 단체 여행을 간 적이 있어요. 여행객 중에는 부모님을 따라 온 초등학생도 서너 명 있었어요. 유럽의 세계 문화유산을 돌아보는데 이 어린이들은 전혀 관심이 없더라고요. 그도 그럴 것이 여행 가이드의 설명이 너무 딱딱하고 지루했어요. 한 어린이는 다리 아프다고 칭얼대고, 다른 어린이는 빨리 아이스크림 먹자고 엄마를 조르더군요. 그때 생각했어요. '여행지의 역사와 문화를 어린이의 눈높이에 맞춰 설명해 주면 얼마나 좋을까?'라고요.

그때를 되돌아보며 쓴 책이 「역사가 숨 쉬는 세계 별별 마을」이에요. 1천 개가 넘는 유네스코 세계 문화유산 중 마을 전체가 유산인 열 곳을 추렸어요. 마을 전체가 세계 문화유산인 것은 특별한 의미가 있어요. 개발, 건설, 발전 등을 이유로 마을을 바꾸기보다 마을의 역사를 지키는 것에 더 큰 가치를 둔다는 뜻이거든요.

이제 우리는 짧게는 수백 년, 길게는 수천 년을 이어 온 마을들을 여행할 거예요. 기독교와 이슬람교가 사이좋게 살았던 터키 이스탄불, 모차르트가 태어난 오스트리아 잘츠부르크, 다빈치와 미켈란젤로가 예술 경쟁을 벌였던 이탈리아 피렌체에는 그 시절의 역사와 문화가 그대로 남아 있어요.

어디 그뿐인가요? 독일의 작가 괴테가 57년을 살며 매일 걸었던 산책 길과 정원도 볼 수

있어요. 체코의 작가 카프카는 프라하 성을 배경으로 작품을 남겼는데, 그가 글을 썼던 작은 다락방에도 갈 거예요.

페루 쿠스코는 잉카의 전설과 스페인의 식민지였던 아픔이 뒤섞여 있어요. 모로코의 페스는 길이 너무 좁아서 차 대신 당나귀가 길거리를 누비고 있지요. 우리나라와 가까운 베트남과 중국의 세계 문화유산 마을에서는 옛것을 소중하게 지키는 아름다운 사람들을 만날 수 있어요.

이 모든 이야기를 옛날이야기처럼, 영화처럼 흥미롭게 해 줄게요. 함께 있는 마을 지도를 보면서 읽으면 더 실감날 거예요. 가끔 외국사람 이름이 나와서 헷갈릴 수 있는데, 걱정 말아요. 그 마을 역사를 이해하면 이름은 외우지 못해도 괜찮으니까요. 대신 '왜 이 마을을 세계 문화유산으로 정했을까?'를 생각해 주세요. 이 마을 사람들은 어떻게 문화유산을 지켜가고 있는지도 생각해 보면 좋겠어요.

'아는 만큼 보인다'는 말이 있어요. 세계 문화유산 마을을 여행하면서 배운 역사와 문화가 여러분을 더 넓은 세상으로 안내할 거예요. 자, 준비되었나요? 세계에서 가장 빠른 제트 여객기를 타고 세계 문화유산 마을로 여행을 떠나요!

차례

지은이의 말 4

🍄 아시아와 유럽, 기독교와 이슬람교가 함께 사는 마을 **터키 이스탄불** 8
　터키의 또 다른 마을 나들이 | 터키 공화국의 새로운 미래 **앙카라** 22

🍄 바로크 문화와 모차르트의 음악이 흐르는 마을 **오스트리아 잘츠부르크** 24
　오스트리아의 또 다른 마을 나들이 | 음악과 왈츠가 흐르는 도시 **빈** 36

🍄 신과 인간 사이를 이어 준 천재들의 놀이터 **이탈리아 피렌체** 38
　이탈리아의 또 다른 마을 나들이 | 유럽의 정치, 종교, 예술로 통하는 길 **로마** 52

🍄 천 년의 시간이 머무는 중세의 도시 **체코 프라하** 54
　체코의 또 다른 마을 나들이 | 강물이 굽이치는 그림 같은 마을 **체스키크룸로프** 68

🏠 괴테가 가꾼 독일 문화의 꽃 **독일 바이마르** 70
　　독일의 또 다른 마을 나들이 ㅣ 독일의 정치 중심지 **베를린** 84

🏠 세상에서 가장 복잡한 9,000여 개의 미로 **모로코 페스** 86
　　모로코의 또 다른 마을 나들이 ㅣ 전통과 현대가 어우러진 도시 **라바트** 100

🏠 잉카 제국이 만들어 놓은 세상의 배꼽 **페루 쿠스코** 102
　　페루의 또 다른 마을 나들이 ㅣ 왕들의 도시 **리마** 116

🏠 세계 여러 나라를 한꺼번에 만나는 바닷가 길목 **베트남 호이안** 118
　　베트남의 또 다른 마을 나들이 ㅣ 베트남의 천 년을 지켜온 도시 **하노이** 132

🏠 차와 말을 맞바꾸던 나시족의 골목시장 **중국 리장** 134
　　중국의 또 다른 마을 나들이 ㅣ 거대한 중국을 움직이는 도시 **베이징** 146

🏠 700년 이어진 백제 문화의 꽃 **한국 공주·부여·익산** 148
　　한국의 또 다른 마을 나들이 ㅣ 한반도의 심장 **서울** 162

아시아와 유럽, 기독교와 이슬람교가 함께 사는 마을
터키 이스탄불

　이스탄불에 온 것을 환영해! 한국에서 열한 시간이나 비행기를 타고 오느라 정말 수고 많았어. 이스탄불은 보스포루스 해협을 가운데 두고 아시아와 유럽 두 대륙에 걸쳐 있어. 우리가 오늘 가 볼 곳은 보스포루스 해협 왼쪽에 있는 유럽 지구야. 강물처럼 잔잔하게 흐르는 보스포루스 바다에는 이스탄불의 특별한 역사가 들어 있단다.

　빨간 튤립으로 장식된 길거리를 보니 터키, 그중에서도 이스탄불 역사 마을에 온 것이 실감나지? 튤립은 네덜란드를 상징하는 꽃 아니냐고? 튤립은 터키의 국화야. 튤립을 유럽에 퍼뜨린 것이 터키 사람들이고, 꽃의 모양이 알라신에게 머리를 숙인 모습과 닮았다고 해서 신성한 꽃으로 여겼거든.

터키의 국화, 튤립

공기가 좀 탁하지? 맞아. 서울의 세 배 정도 크기인 이스탄불에는 1,500만 명의 인구가 살고 있어서 교통 체증과 매연이 무척 심해. 환경오염 때문에 이스탄불의 문화유산이 훼손될까 봐 걱정하는 사람들이 많을 정도지.

어? 음악 소리가 들리네? 가까이 가 볼까? 터키 군악대의 행진 소리야! 세계에서 가장 오래된 군악대라는 전통을 가지고 있지. 위풍당당한 군악대의 큰북 소리가 발걸음을 힘차게 만들어 주는 것 같지 않니? 오스만 제국의 군대가 영토를 차지하기 위해 서쪽으로 전진할 때 군악대를 앞세워 갔대. 군악대의 힘찬 음악 소리는 오스만 제국 군대에게는 용기

터키 군악대

를 주고, 상대방에게는 겁을 주었어. 사람들이 터키 군악대를 따라 걷고 있네. 우리도 같이 걸어 보자.

저쪽을 좀 봐. 아야소피아 성당과 술탄 아흐마드 모스크가 서로 마주 보고 있는 것 보여? 저기가 오늘 우리가 가는 세계 문화유산 마을이야.

터키 이스탄불은 아시아와 유럽을 연결하는 중간에 있어. 이스탄불은 1,000년 동안은 기독교, 500년 동안은 이슬람교가 지배했던 지역이야. 그래서 이스탄불에는 동양과 서양의 문화, 기독교와 이슬람교의 문화가 함께 있단다. 서로의 문화를 존중하면서 더불어 발전해 가고 있지.

이것이 궁금해

보스포루스 해협 보스포루스 해협은 이스탄불의 아시아와 유럽을 구분하는 경계선이야. 해협의 동쪽이 아시아, 서쪽이 유럽이지.

터키 군악대 오스만 제국이 유럽을 침략할 때 사용했던 군악대야. 세계 최초의 군악대로 현대 군악대의 시초가 되었지.

술탄 이슬람교에서 특정 지역을 지배하는 통치자들을 말해. 황제를 뜻하는 터키어야.

유스티니아누스 황제, 솔로몬 왕을 이기다

이스탄불은 1,500년 동안 로마 제국과 오스만 제국의 수도였어. 두 제국의 문화가 얼마나 찬란했는지 살펴볼까?

이스탄불의 원래 이름은 콘스탄티노플이었어. 이 마을의 아름다움에 반해 수도를 옮긴 로마 제국의 콘스탄티누스 황제 이름을 딴 거야. 콘스탄티누스 황제는 기독교를 공식 종교로 정하고 멋진 교회를 짓게 했지. 기독교인의 정신적 고향을 만들려고 한 거야.

360년, 로마 제국의 콘스탄티누스 2세 황제는 '신성한 지혜의 교회당'이란 뜻의 아야소피아 성당을 완성했어. 하지만 200년쯤 후에 너무 많은 세금 때문에 고통받던 시민들이 황제에게 반란을 일으키고 큰 불도 나는 바람에 성당은 불타 없어졌어. 이 성당을 다시 짓기로 결심한 사람은 유스티니아누스 황제야.

유스티니아누스 황제

옛 로마 제국의 영광을 되찾는 것이 목표였던 유스티니아누스 황제는 전쟁을 일으켜 이집트부터 스페인까지 옛 로마 제국의 땅 대부분을 빼앗았어. 솔로몬 왕이 지은 예루살렘 신전보다 더 크고 아름다운 성당을 짓고 싶었던 황제는 일하는 사람을 1만 명 이상 끌어들여 불과 5년여 만인 537년에 성당을 완성했어. 아주 만족스러웠던 황제는 하늘에 대고 이렇게 외쳤어.

아야소피아 성당

"예루살렘의 대성전을 지은 솔로몬이여, 내가 당신을 이겼소!"

아야소피아 성당은 이후 1,000년 동안 대주교가 사는 성당으로 콘스탄티노플의 심장과 같은 역할을 했어.

예레바탄 사라이 내부

그런데 말이야, 콘스탄티노플이 점점 발전하면서 많은 사람들이 몰려들자 불편한 점이 생겼어. 마실 물이 부족해진 거야. 매년 여름이면 마을 사람들은 물 때문에 큰 곤란을 겪었어. 콘스탄티노플에는 강이 없어서 멀리 있는 강에서 물을 끌어와야 했는데 이게 보통 불편한 일이 아니었어.

이걸 본 유스티니아누스 황제는 아야소피아 성당 바로 옆에 깊게 땅을 파고 지하 저수조를 만들었어. 아야소피아 성당도 5년 만에 뚝딱 지은 황제니 이 정도는 어려운 일도 아니었지. 축구장보다 큰 저수조 안에 8만 톤의 물을 저장할 수 있었대. 이 물을 콘스탄티노플 사람들의 식수로 사용했어. 또 전쟁으로 길이 막혀 강에서 물을 끌어오지 못할 경우를 대비해 미리 물을 보관하려는 목적도 있었지.

사람들은 이 저수조를 '땅에 가라앉은 궁전'이라는 뜻의 예레바탄 사라이라고 불렀어. 이 지하 궁전을 떠받치고 있는 기둥은 멀리 그리스 신전에 있던 돌을 잘라 온 것들이야. 신전의 돌을 아무렇게나 가져오다 보니 길이는 비슷하지만 모양은 제각각이란다. 잘 보면 336개의 기둥 모양이 전부 달라.

그중에서 가장 유명한 것은 이 메두사 기둥이야. 메두사는 그리스 로마 신화에 나오는 마녀인데 메두사의 얼굴을 직접 보는 사람은 돌로 변하는 마법에 걸린다고 하는 괴물이지. 그런데 메두사의 머리가 바닥을 향해 거꾸로 놓여 있는 게 이상하지? 여기에는 사연이 있단다. 당시 종교는 기독교였지만 사람들은 그리스 로마 신화에 대한 믿음이

예레바탄 사라이의 메두사 기둥

아직 남아 있었어. 유스티니아누스 황제는 메두사가 물에 빠져 죽었다는 것을 표현해서 기독교에 대한 믿음을 더 강하게 만들려고 저수조 기둥의 돌 받침으로 사용한 거래.

나흘 만에 성당에서 모스크가 되어 버린 아야소피아 성당

이처럼 번영을 누리던 콘스탄티노플을 탐내는 사람이 있었어. 바로 오스만 제국의 메메트 2세였지. 오스만 제국은 아시아 중부 지역을 떠돌아다니던 유목민들이 만든 나라야. 오스만 제국의 군대는 용맹해서 싸움을 잘했어. 전쟁에서 이겨 땅을 차지하면서 세력을 점점 넓혀 갔지. 그 당시 가장 문화가 발전하고 풍요로웠던 콘스탄티노플을 욕심냈던 것은 어쩌면 당연한 일이었는지도 몰라.

메메트 2세는 1453년에 콘스탄티노플을 공격했어. 오스만 군대는 콘스탄티노플 군사의 열 배가 넘는 엄청난 숫자로 밀어붙였어. 대포 같은 최신식 무기를 가지고 공격을 퍼부었지. 콘스탄티노플의 군사들은 손쓸 틈도 없이 무너졌어.

콘스탄티노플의 황제와 마을 사람들은 아야소피아 성당으로 도망쳤어. 함께 모여 기도를 드리며 기적이 일어나기를 바랐지. 하지만 기적은 일어나지 않았어. 오스만 제국은 황제와 군사들을 물리치고, 마침내 콘스탄티노플을 정복했어.

콘스탄티노플로 입성하는 메메트 2세

메메트 2세는 제일 먼저 콘스탄티노플의 이름을 이스탄불로 바꾸었어. '이슬람의 땅'이라는 뜻이야. 그리고 아야소피아 성당을 어떻게 할지 고민했지. 신하들은 "저건 기독교의 상징입니다. 당장 부숴 버립시다!"라고 했어. 하지만 메메트 2세는 곰곰이 생각하다가 명령을 내렸어.

"아니다. 없애지 않겠다. 아야소피아 성당이 기독교인들의 정신적 고향이라고 하더니 과연 아름답구나. 여봐라, 아야소피아 성당에 있는 기독교의 흔적을 없애라. 3일 뒤, 저곳에서 이슬람 예배를 드리겠다."

오스만 제국은 아야소피아 성당에 있던 예수님, 성모님 그림에 회색 석회를 발라 버렸고 그 자리에 이슬람교 상징물들을 달았어. 기독교 성지였던 아야소피아 성당이 불과 나흘 만에 이슬람 예배를 드리는 모스크로 바뀐 거야.

메메트 2세가 아야소피아 성당을 없애 버리지 않았던 덕분에

아야소피아 성당 내부

전 세계에서 유일한 역사적 공간이 탄생했어. 지금 우리는 세계적인 문화 유산을 보고 있는 거란다.

자, 아야소피아 성당의 천장 좀 올려다봐! 아기 예수를 안고 있는 마리아의 모자이크가 보이지? 2층 중앙 홀 벽면 기둥에는 아랍어 동판이 함께 있어. 아래쪽을 볼래? 한쪽에는 기독교 교회의 특징인 스테인드글라스가 있고, 다른 한쪽에는 이슬람 성지 메카 쪽을 가리키는 대리석이 있어. 정말 두 종교가 아직도 사이좋게 한집에 살고 있는 거 맞지?

아기 예수를 안은 마리아

로마 제국 황제가 살던 궁전에 살기 싫어 새로 지은 톱카프 궁전

이스탄불을 차지한 메메트 2세는 아야소피아 성당은 그대로 두었지만, 로마 제국의 황제가 살던 궁전에 들어가 살기는 싫었어. 그래서 아야소피아 성당 바로 옆에 궁전을 짓기 시작했어. 저쪽에 뾰족한 지붕 두 개가 보이지? 저기가 메메트 2세가 지은 톱카프 궁전이야. 저 궁전에서 오스만 제국의 여러 술탄들이 400년 동안이나 살았어.

톱카프 궁전

　톱카프 궁전은 술탄만 거주한 곳이 아니야. 신하들과 회의를 열어 정치를 의논하는 장소였어. 궁전 안을 네 개의 넓은 정원으로 나누고 각각의 기능을 갖도록 했지. 첫 번째 정원에는 술탄과 궁전을 지키는 군대, 예니체리 부대가 있었어. 일반 백성도 이곳까지는 자유롭게 다닐 수 있었대. 두 번째 정원은 술탄과 신하들이 국가에 관한 일을 의논하던 정치와 행정의 장소야.

　가장 특이한 곳은 세 번째 정원이야. 술탄의 가족과 부인이 될 후보들이 살던 하렘이 있었거든. 한때는 1,000명의 여인들이 머무르며 술탄의 부인이 되기를 기다리기도 했대. 하렘은 술탄이나 왕자 이외에는 어떤 남자도 드나들 수 없는 남성 출입 금지 구역이었어.

　네 번째 정원은 예니체리 부대원을 키우는 궁전 학교가 있던 자리야. 이 학교에서는 터키어, 아랍어, 페르시아어는 물론 역

톱카프 궁전의 세 번째 정원, 하렘

사, 수학, 음악, 말 타기, 무기 다루는 기술 등을 가르쳤어. 이 학교를 졸업한 사람은 오스만 제국에 충성하는 신하가 되었어.

지금 톱카프 궁전은 오스만 제국의 술탄들이 얼마나 부유하게 살았는지를 보여 주는 유물 전시장으로 바뀌었어. 특히 보석관에는 세계에서 가장 큰 다이아몬드, 에메랄드가 박힌 장식품, 보석 달린 칼, 황금 접시 등 화려한 물건이 가득하단다. 도자기관에는 중국에서 특별 주문해 쓰던 청화백자가 전시되어 있어. 오스만 제국은 값비싼 중국 도자기를 수입해 일상용 그릇으로 사용했어. 자신들의 부, 명예, 권력을 세상에 자랑하기 위한 방법 중 하나였지.

예니체리 부대

이슬람의 자존심을 세워라! 술탄 아흐마드 모스크

그 이후에도 이스탄불은 점점 발전했어. 술탄들은 궁전, 학교, 모스크를 지으면서 자신들의 세력을 과시했어. 이슬람 문명의 중심 역할을 하고 있다는 것을 표현하고 싶었던 거야. 그러던 중 오스만 제국의 자존심을 상하게 만든 일이 생겼어.

1593년, 오스만 제국은 기독교를 믿는 합스부르크 제국과 전쟁을 벌였어. 헝가리 주변 땅을 차지하기 위해서였지. 15년 동안 싸우느라 큰돈을 썼고, 많은 병사들이 죽었어. 긴 전쟁에 지친 두 제국은 전쟁을 멈추자고 약속한 후에야 싸움을 끝낼 수 있었어. 오스만 제국은 땅도 제대로 얻지 못하고 귀중한 병사들만 잃은 꼴이 되어 버렸지. 이 일로 오스만 제국은 자존심이 무척 상했어. 자신들이 전쟁에서 세계 최고라 여겼는데, 전쟁에서 이기지도 못하고 흐지부지 끝나 버렸으니 그럴 만도 했겠지?

이때 오스만 제국의 술탄이었던 아흐마드 1세는 건축가와 기술자들을 불러 모았어.

이것이 궁금해 **예니체리 부대** 오스만 제국 최고의 군대로 술탄에게 충성하고 복종하는 친위대야. 엄격한 교육과 훈련을 받았고, 나중에는 고위 관리가 될 수도 있었어.

"이번 전쟁에서 오스만 제국이 승리하지 못한 것은 아무래도 우리의 믿음이 부족해서인 것 같다. 웅장한 모스크를 지어 알라신께 바칠 것이다. 건축가들이여, 아야소피아 성당을 마주 보는 쪽에 이슬람 사원을 지어라! 아야소피아 성당보다 무조건 크고 멋지게 지어라. 사람들은 아야소피아 성당보다 큰 모스크를 보면서 기독교보다 이슬람교가 더 위대하다고 생각할 것이다."

마침내 아흐마드 1세는 1616년에 술탄 아흐마드 모스크를 완성했어. 새 모스크에 자신의 이름을 붙여 영원히 기억되도록 했지.

술탄 아흐마드 모스크 내부

술탄 아흐마드 모스크는 당시 건축 기술을 총동원한 건물이야. 중앙의 크고 둥근 돔 모양의 지붕을 작은 네 개의 돔이 떠받쳐 안정감이 들도록 했어. 아야소피아 성당에는 네 개의 첨탑이 있는데, 새 모스크에는 첨탑 여섯 개를 세웠어. 이슬람교가 기독교보다 우수하다는 것을 드러내고 싶었던 거야. 사원 내부는 2만 1,000개에 달하는 파란색 타일로 장식되어 있어. 서양 사람들은 파란색의 타일이 빛나는 이 예배당을 블루 모스크라고 불렀단다. 오스만 제국의 술탄들은 금요일마다 이곳에 와서 이슬람 예배를 보았어.

술탄 아흐마드 모스크

화려하지만 슬픈 역사를 가진 돌마바흐체 궁전

　휴, 너무 바쁘게 돌아다녀서 힘들지? 이스탄불에는 보여 주고 싶은 것이 너무 많아서 그래. 마지막으로 갈 장소는 돌마바흐체 궁전이야. 여기는 보스포루스 해협을 따라 배를 타고 가는 게 좋아. 그래야 바다와 어우러진 궁전의 아름다운 모습을 잘 볼 수 있거든.

　어때? 정말 화려하지? 이 궁전을 지은 술탄 압둘 메지드는 프랑스에서 공부한 사람이야. 아시아보다 앞서 있던 유럽의 제도를 닮고 싶어 했던 술탄은 아시아의 느낌이 나는 톱카프 궁전 대신 유럽풍의 새로운 궁전을 짓기로 결심했어.

　"프랑스 베르사유 궁전보다 아름다운 궁전을 만들어라. 화려한 궁전을 지어서 오스만 제국의 영광을 되찾을 것이다!"

　돌마바흐체 궁전은 오스만 제국의 부와 힘을 과시하려는 목적에 맞춰 호화롭게 꾸몄어. 금 14톤과 은 40톤으로 내부를 장식했대. 금으로 만든 그릇과 유럽에서 수입한 크리스털 컵을 사용하고, 곰 가죽 카펫을 바닥에 깔았어.

　사실 돌마바흐체 궁전이 완성된 1856년 즈음 오스만 제국의 경제는 말이 아니었어. 나라를 발전시키겠다고 돈을 마구 써 댔거든. 외국에서 빌린 돈을 갚지 못해 다른 나라에서 또 돈을 빌려 와 갚는 악순환이 되풀이됐어. 게다가 술탄 압둘 메지드는 사치를 즐겼어. 밤마다 술을 마시고 파티를 열었대. 멋진 별장을 여러 개 지어 딸들에게 나눠 주기도 했

돌마바흐체 궁전 전경

돌마바흐체 궁전 내부

어. 안 그래도 어려운 국가 사정은 점점 더 어려워졌지.

그의 뒤를 이은 술탄들도 문제였어. 돌마바흐체 궁전이 마음에 들지 않는다고 주변 해안가에 또 다른 궁전이나 별장을 지으면서 나라 경제를 더욱 엉망으로 만들었어. 경제가 어려워지면서 오스만 제국은 점점 더 힘을 잃어갔어. 술탄들의 욕심과 잘못된 판단이 오스만 제국의 멸망을 부추긴 것이지.

오스만 제국의 힘이 약해지자 영국, 프랑스, 러시아가 땅을 빼앗으려고 자꾸 시비를 걸었어. 특히 러시아는 지속적으로 오스만 제국을 괴롭혔지. 압박을 견디지 못한 술탄이 이스탄불을 떠나 다른 나라로 도망가면서 오스만 제국의 시대는 막을 내렸단다.

1923년에 새로 들어선 터키 공화국이 수도를 앙카라로 옮기면서 오스만 제국의 수도 이스탄불은 빛을 잃었지. 하지만 사람들의 마음속에 이스탄불은 아직도 '영원한 터키의 수도'로 남아 있단다. 1,500년을 이어 온 찬란한 역사와 문화가 살아 숨 쉬는 마을로 말이야.

열린 마음이 만들어 낸 아름다운 문화 마을

이스탄불의 문화유산 마을, 잘 둘러보았니? 이곳은 종교가 바뀌는 엄청난 변화를 겪으면서도 원래의 것을 훼손하지 않고 함께 발전시킨 역사적인 마을이야.

오스만 제국은 이슬람교를 믿었지만 다른 종교와 문화에 대해 열린 마음을 가지고 있었어. 콘스탄티노플을 정복하고도 무조건 기독교를 짓밟으려고 하지는 않았잖아. 이슬람교를 믿는 사람이 대부분인 이스탄불에 기독교 교회 총주교를 두기도 했지. 기독교를 믿는 사람들을 죽이지도 않았어. 일정한 세금만 내면 종교도 인정해 주고 문화와 풍습도 존중해 주었대.

터키는 국민의 99%가 이슬람교 신자인데도 국가의 종교는 이슬람교가 아니야. 공식적인 장소에서 여성이 몸을 가리는 이슬람 복장을 하는 것도 금지했고, 다른 이슬람 국가와 달리 남녀 모두 교육을 받게 했어. 남자 한 명이 여러 명의 여자와 결혼하는 일부다처제와 같은 낡은 제도들을 전부 없애 버리기도 했고. 이것은 국가가 국민들에게 이슬람교를 억지로 강요하지는 않겠다는 뜻이야.

이스탄불의 역사는 다양한 민족과 종교가 싸우기보다 서로를 인정하고 좋은 점을 받아들일 때 훨씬 더 발전할 수 있다는 것을 보여 주고 있어. 이슬람교를 믿으면서도 다른 종교와 문화에 대해 열린 마음을 가지고 있었던 결과가 지금 보고 있는 이스탄불 세계 문화유산 마을이란다.

유네스코가 이스탄불을 세계 문화유산 마을로 지정한 이유

이스탄불 옛 시가지에서는 로마 제국과 오스만 제국의 흔적을 찾아볼 수 있다. 두 제국 시대의 다양한 건물이 원래 모습 그대로 남아 있고, 전쟁에 대비한 시설들, 종교적 그림으로 장식된 교회와 궁전, 저수조, 무덤, 모스크, 종교 학교 건물들이 있다.

국가 | 🇹🇷 터키   **위치** | 이스탄불 주   **등재 연도** | 1985년

지도로 보는 유네스코 세계 문화유산 마을

오스만 제국 때 수많은 무역항을 통해 돈이 들어온다고 해서 이름 붙여진 골든 혼과 보스포루스 해협, 마르마라 세 바다가 만나는 제1언덕의 술탄 아흐마드 광장 주변이 유네스코가 지정한 세계 문화유산 마을이야. 아야소피아 성당과 술탄 아흐마드 모스크가 마주 보고 있고, 그 옆에 톱카프 궁전이 있어. 귈하네 공원, 비잔틴 시대의 마차 경기장 히포드롬과 지하 궁전 예레바탄 사라이 등이 모여 있지. 세계적인 역사학자 토인비는 이스탄불을 '인류 역사와 문명의 거대한 거리 박물관'이라고 불렀대.

아야소피아 성당
로마 제국의 힘을 과시하기 위해 지은 성당이야. 1,000년 동안은 기독교 교회로, 500년은 이슬람 사원으로 변신한 역사적인 장소란다. 모자이크로 된 기독교 성화를 회칠로 가리고 그 위에 아라베스크 문양의 코란 장식을 했어. 성당을 파괴하지 않은 덕분에 비잔틴 시대 최고의 건축물을 볼 수 있는 거야. 지금은 기독교와 이슬람교가 공존하는 역사를 간직한 박물관이 되었어.

예레바탄 사라이
황실에서 사용하는 물과 시민들의 식수를 보관하기 위해 만든 거대한 저수지야. 물은 19킬로미터 떨어진 숲에서 끌어온 거야. 전쟁 때 길이 막혀 물을 가져오지 못할 경우를 대비하려는 목적도 있었대. 내부를 보면 그리스 신전에서 가져온 거대한 대리석 기둥 336개가 천장을 떠받치고 있어. 화려한 내부 모습 때문에 지하 궁전이라고도 불러.

톱카프 궁전
400년 동안 오스만 제국의 여러 술탄들이 살았어. 술탄과 정치인들이 나라를 통치하는 계획을 세우던 장소이기도 해. 술탄이 사는 집, 예배실, 회의장, 학문 연구 시설, 정부 문서 보관소, 학교, 병원 등이 궁 안에 있어. 지금은 화려한 오스만 제국의 유물을 모아 놓은 박물관으로 쓰고 있어.

술탄 아흐마드 모스크(블루 모스크)
기독교에 대한 이슬람교의 우월성을 자랑하고 싶어 지은 이슬람 사원이야. 바로 앞에 있는 아야소피아 성당보다 크고 멋지게 짓는 것이 목표였대. 내부가 약 2만 1,000개에 달하는 파란색 타일로 장식되어 있어 블루 모스크라고 부르기도 하지.

돌마바흐체 궁전
오스만 제국의 힘이 점점 약해지고 있을 때 옛날의 영광을 회복해 보겠다고 무리해서 지은 궁전이야. 앞서 있던 유럽의 제도를 닮고 싶은 마음에 프랑스 베르사유 궁전을 모방해 아름다운 정원을 만들었지. 내부 장식에만 14톤의 금과 40톤의 은이 사용되었대. 국가 경제가 어려울 때 돈을 낭비하면서 짓는 바람에 오스만 제국이 무너지는 것을 재촉하는 계기가 되기도 했어.

터키의 **또 다른 마을** 나들이

터키 공화국의 새로운 미래

앙카라

터키의 수도는 이스탄불이 아니라 앙카라야. 이스탄불이 경제, 상업, 문화의 중심지라면 앙카라는 정치, 행정의 중심지야.

오스만 제국이 멸망한 이후 터키 공화국을 세운 아타튀르크 대통령은 이스탄불이 아닌 중부 지방의 작은 마을 앙카라를 새로운 수도로 정했어. 새로운 국가를 만들기 위해서는 오스만 제국의 흔적이 많이 남아 있는 이스탄불을 떠나는 것이 낫다고 생각했기 때문이야. 또 터키의 서쪽 끝에 있어 유럽과 가까운 이스탄불보다는 국토의 가운데에 있는 앙카라를 수도로 삼으면 국민들의 마음을 모으는 데 유리할 것이라는 생각도 있었어.

아타튀르크 대통령의 선택은 잘 맞아들었어. 앙카라로 수도를 옮기면서 오스만 제국 시절의 모습을 벗고 현대적인 국가로 변신할 수 있었으니까. 터키 사람들은 터키를 현대화시킨 아타튀르크 대통령을 엄청나게 존경하고 있어. 터키의 모든 지폐에 아타튀르크 대통령의 얼굴을 넣어 그에 대한 사랑을 표현하고 있을 정도야.

앙카라는 수도가 된 이후 크게 발전했어. 수도로 정할 때 인구는 3,500명밖에 되지 않았지만 지금은 인구 500만 명이 넘는, 터키에서 두 번째로 사람이 많이 사는 도시가 되었어.

그리고 앙카라에는 '한국공원'이 있어. 터키는 한국전쟁 때 우리나라를 도와준 친구의 나라야. 그때 희생된 군인들을 기리기 위해 터키에 한국공원을 세웠고, 한국공원에는 한국전쟁 때 목숨을 잃은 터키 군인들의 이름이 새겨진 위령탑이 있어.

서울 여의도에는 앙카라공원이 있단다. 서울시가 앙카라시와 자매결연을 맺은 기념으로 만든 공원이야. 이곳에는 앙카라 시가 기증한 터키의 민속품이 전시되어 있어. 터키의 전통 생활 기구, 농기구, 혼례 의상 등을 볼 수 있어.

바로크 문화와
모차르트의 음악이 흐르는 마을
오스트리아 잘츠부르크

어서 와. 여기는 잘츠부르크야! 잘츠부르크는 오스트리아 서쪽에 있는 마을이지. 유럽의 한가운데에 있는 오스트리아는 여덟 개 나라와 국경을 맞대고 있어. 잘츠부르크는 독일과 마주한 마을이야. 그래서 수도인 빈에서 오는 것보다 독일에서 오는 게 훨씬 빨라.

공기 정말 좋지? 저기 보이는 산이 바로 알프스야. 잘츠부르크 주변의 호수들은 알프스의 빙하가 녹아 내려와 만들어졌어. 잘츠부르크는 해발 424미터의 높은 산자락에 있는 마을이야. 서울 남산의 높이가 360미터 정도니까 남산보다 높은 곳에 마을이 있는 거지.

중세 시대의 역사와 전통을 간직하고 있는 잘츠부르크는 인구 15만 명이 사는 작은 곳

잘츠부르크에서 본 알프스 산

이지만 오스트리아에서 가장 부자 마을이기도 해. 잘츠부르크라는 이름은 '소금(salz)의 성(burg)'이라는 뜻이야. 마을 가까운 곳에 소금 광산이 있었거든. 바닷물에서 소금을 거르는 기술을 개발하기 전까지는 산에서 소금 암석을 캐서 사용했기 때문에 옛날에는 소금이 엄청나게 귀하고 비쌌어. 당시에 잘츠부르크는 소금 무역의 중심지였어. 요즘은 전 세계에서 찾아오는 관광객들 덕분에 부자 마을의 전통을 이어가고 있지.

가만, 지금 거리에 흐르는 음악 소리 들려? 지금 연주하고 있는 이 음악, 뭔지 알아? 맞아, 모차르트의 「마술피리」야. 잘츠부르크는 모차르트의 고향이야. 잘츠부르크를 돌아다니는 동안 모차르트가 우리와 함께 할 거야. 왜냐고? '잘츠부르크 = 모차르트'라도 해도 지나친 말이 아니거든. 알프스의 자연, 중세의 역사, 바로크의 문화를 갖춘 잘츠부르크에 모차르트의 음악이 더해져 완벽한 세계 문화유산 마을이 되었어.

황제와 교황의 다툼으로 생겨난 호엔 잘츠부르크 성

우선 잘츠부르크 전체를 내려다볼 수 있는 멋진 곳으로 안내할게. 저쪽에 가서 빨간색 전동열차를 타자. 가파른 언덕이라 걸어 올라가려면 힘들거든.

와, 높은 곳에 오니까 상쾌한 바람이 분다. 여기는 잘츠부르크에서 제일 높은 호엔 잘츠부르크 성이야. 호엔(hohen)은 '높다'라는 뜻이야. 호엔 잘츠부르크 성은 마을을 상징하는 건물이기도 해.

이 성은 1077년에 게프하르트 대주교가 외부 침략에 대비하기 위해 지은 성채였어. 당시는 황제와 교황이 권력을 더 많이 차지하려고 서로 다툴 때였는데 교황의 편이었던 대

이것이 궁금해
「마술피리」 모차르트가 마지막으로 만든 오페라야. 소박한 가곡, 익살스러운 민요, 진지한 종교음악, 화려한 이탈리아 오페라 스타일이 고루 섞여 있어서 대중들에게 가장 많은 사랑을 받는 곡이야.
성채 요새의 기능이 함께 있는 성을 말해.

호엔 잘츠부르크 성 전경

주교는 황제의 눈치를 봐야 했어. 교황 편을 들었으니 언제 황제의 공격을 받을지 몰라 두려웠던 거겠지. 대주교는 자신을 안전하게 지키려고 이 마을에서 가장 높은 곳에 성을 쌓았던 거야.

호엔 잘츠부르크 성은 깎아지른 것 같은 바위 절벽에 있어서 황제의 군대가 올라오기 어려웠어. 대포를 맞아도 끄떡없을 정도로 두툼한 벽을 세웠지. 성 안에는 황제의 군대가 쳐들어왔을 때 공격할 수 있도록 대포도 설치했어. 그뿐만 아니라 대주교는 자신이 거느린 군대가 머무는 방, 무기실, 고문실, 감옥까지 만들었어. 이 정도면 완벽한 군사 시설 아니겠어? 이렇게 안팎으로 튼튼하게 지어진 호엔 잘츠부르크 성은 이후에 여러 번 전쟁을 겪으면서도 무너지지 않았어. 덕분에 완성했을 당시의 모습이 지금까지 그대로 남아 있단다.

물론 호엔 잘츠부르크 성은 군사 시설에만 그치지 않았어. 그 당시 대주교는 성직자이면서 마을을 다스리는 영주의 역할을 동시에 했어. 대부분의 성직자들은 마을 사람들에게 세금을 걷어서 사치스러운 생활을 했지. 호엔 잘츠부르크 성 안에도 화려한 금으로 장식된 거실, 200개의 파이프가 설치된 파이프오르간, 인형 극장, 도서실까지 갖추고 있어. 당연히 귀한 물건도 많았겠지? 하지만 나중에 나폴레옹 군대가 잘츠부르크에 쳐들어왔을 때 이 성에 있던 값비싼 물건들을 전부 가져가 버렸대. 지금 호엔 잘츠부르크 성은 건물만 있고 안에는 아무런 물건이 남아 있지 않아. 잘츠부르크의 대주교들은 대대로 호엔 잘츠부르크 성에 살다가 전쟁이 잠잠해져 세상이 조용해진 17세기경에 마을로 내려왔어. 그제야 마을 사람들과 함께 살기 시작한 거야.

금으로 장식한 호엔 잘츠부르크 성 거실

로마를 대놓고 따라 한 잘츠부르크 대성당

높은 성에 살던 대주교들이 마을에 내려와 살기 위해 지은 건물이 잘츠부르크 대성당과 레지덴츠 궁전이야.

잠깐, 여기서 한 가지 알아둘 게 있어. 오스트리아 잘츠부르크는 이탈리아 로마를 닮았다는 사실이야. 중세 시대부터 로마로 통하는 길이 연결되어 있어 사람들이 자주 오갔고, 덕분에 주변국들은 이탈리아 문화의 영향을 많이 받았어. 로마를 부러워하던 잘츠부르크는 아예 '북쪽의 로마'가 되고 싶다며 대놓고 로마를 따라 하기 시작했지.

잘츠부르크를 로마처럼 만드는 데 앞장선 사람은 디트리히 대주교야. 그는 잘츠부르크를 왕이나 영주가 아닌 대주교가 다스리는 마을로 만들고 싶었어. 로마처럼 정치와 종교가 하나가 되는 것 말이야. 이탈리아를 중심으로 유행한 바로크 양식은 화려하고 장식이 많은 건축양식을 말하는데 로마를 상징하기도 해. 디트리히 대주교는 로마의 바로크 양식을 고집하면서 잘츠부르크를 건설했지.

잘츠부르크 대성당 전경

우선 디트리히 대주교는 바로크 양식을 잘 아는 건축가를 로마에서 초청해서 잘츠부르크 대성당을 짓기 시작했어. 대성당의 바깥쪽은 밝은 대리석으로 치장해 우아한 느낌이 들도록 했고, 건물 양쪽에는 좌우로 대칭을 이루도록 첨탑을 세웠어. 첨탑을 양쪽에 세우면 건물 전체를 봤을 때 안정적인 느낌을 주거든.

이것이 궁금해 **바로크 양식** 17~18세기 이탈리아를 비롯한 유럽의 가톨릭 국가에서 유행한 양식으로 화려하고 장식적인 요소가 강한 것이 특징이야. 웅장하면서도 풍요로운 느낌을 주지. 건축, 미술에서 많이 사용되었어.

잘츠부르크 대성당 내부

잘츠부르크 대성당 안에는 1만 명이 들어가 미사를 볼 수 있는 커다란 홀을 만들었어. 그런 다음 천장을 하얀 대리석과 벽화로 장식했어. 그 덕분에 마치 보석이 박힌 것처럼 아름다워. 6,000개의 파이프로 이루어진 파이프오르간은 유럽에서 가장 큰 규모를 자랑하지. 모차르트도 이 성당에서 세례를 받고, 파이프오르간 연주자로 활동했을 정도야.

디트리히 대주교의 뒤를 이은 대주교가 지은 레지덴츠 궁전도 바로크 양식의 건물인데 대주교들이 정치, 종교, 외교 업무를 보던 장소야. 대성당 앞 레지덴츠 광장의 분수대까지 로마의 트레비 분수를 따라서 만들었어. 대주교들은 정말 잘츠부르크를 로마의 쌍둥이 마을로 만들고 싶었던 모양이야.

레지덴츠 광장과 분수

대주교가 만들어 놓은 비밀 장소, 미라벨 정원

그런데 말이야, 잘츠부르크 대성당을 지은 디트리히 대주교에게는 비밀이 하나 있었어. 그에게는 숨겨 놓은 아내와 열다섯 명의 아이들이 있었던 거야. 가톨릭 대주교가 어떻게 결혼을 하고, 아이까지 있냐고? 물론 그때도 가톨릭 성직자가 결혼을 하는 것이 교회법으로 금지되어 있었어. 하지만 종교와 정치를 겸하면서 막대한 권력을 가지고 있던 대주교는 그 힘을 믿고 자기 마음대로 행동한 거야.

대주교는 대성당과 조금 떨어진 한적한 곳에 부인과 아이들을 위해 아름다운 궁전을

미라벨 정원 전경

지어 주었어. 역시나 바로크 양식을 선택했지. 저기 보이는 건물이 그가 1606년에 지은 궁전이야. 하지만 건물보다 더 주목을 받은 건 바로 그 앞을 화려하게 장식하고 있는 정원이야.

중앙 분수 주변에는 그리스 로마 신화 속 영웅을 조각한 작품이 늘어서 있어. 정원 서쪽에는 주위에 울타리를 두른 극장이 있고, 북쪽에는 정교한 청동 조각으로 꾸민 페가수스 분수가 있지. 분수와 연못, 대리석 조각물과 꽃들이 조화를 이루도록 철저하게 계획을 세워서 지은 궁전이야.

그렇지만 디트리히 대주교는 결혼금지법을 어겼을 뿐 아니라 막대한 돈을 들여 궁전을 짓는 바람에 가톨릭 교단의 노여움을 샀어. 교단은 그를 대주교 자리에서 쫓아내 버렸어.

대주교 자리를 잃은 디트리히는 호엔 잘츠부르크 성의 감옥에 갇혔어. 사랑하는 아내와 자식들을 만나지 못하고 평생 감옥에 있다가 비참하게 생을 마쳐야 했고, 아내와 아이들도 미라벨 궁전에서 쫓겨났지.

그 후 정원도 달라졌어. 디트리히 대주교가 죽고 한참 시간이 흐른 후에 궁전을 새롭게 단장하고 미라벨 정원이라는 이름을 붙였어. 미라벨 정원은 봄에 튤립, 여름에 장미가 만발하면 더욱 아름다운 곳이야.

미라벨 정원의 페가수스 분수

글자를 모르는 사람도 한 번에 알아보는 게트라이데 거리의 간판

자, 이젠 거리로 나가 볼까? 미라벨 정원에서 슈타츠 다리를 건너면 바로 게트라이데 거리로 이어져. 여기는 잘츠부르크에서 가장 번화한 거리야. 이 거리는 글자를 몰라도, 말을 몰라도 마음껏 즐길 수 있어. 왜냐고? 철로 만든 저 간판들을 좀 봐. 상점마다 독특한 모양의 간판이 걸려 있지? 구두 가게는 구두 모양, 빵 가게는 빵 모양으로 말이야. 심지어 맥도날드 햄버거 가게도 철제 간판을 달았어. 아마 게트라이데 거리에 있는 맥도날드 간판

게트라이데 거리

이 전 세계 맥도날드 간판 중에서 가장 아름다울 걸?

이 간판은 중세 시대 때 글자를 모르는 사람들을 위해 팔고 있는 물건 모양으로 간판을 만들면서 시작했어. 어떤 가게의 철제 간판은 200년이나 된 것도 있대. 게트라이데 거리의 철제 간판 전통은 지금까지 이어지고 있어. 이 거리에서 가게를 운영하려면 모두 이런 독특한 간판을 만들어서 걸어야 해.

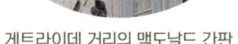

게트라이데 거리의 맥도날드 간판

보석가게, 꽃집, 옷가게 등 비슷한 물건을 파는 가게들도 간판에 표현한 모양이 달라. 개성 가득한 철제 간판들 덕분에 게트라이데 거리를 보는 즐거움이 더욱 커진단다.

아직도 모차르트가 살아 있는 마을

이쯤에서 모차르트 이야기를 하지 않을 수 없겠는 걸? 게트라이데 거리를 더욱 아름답게 하는 사람이 바로 볼프강 아마데우스 모차르트야. 모차르트는 1756년 게트라이데 거리 9번지에서 태어났어. 모차르트는 네 살 때 누나가 치는 피아노 연주를 그대로 따라 치고, 다섯 살 때 처음 작곡을 하면서 단박에 유명해졌어.

어려서부터 천재성을 드러낸 모차르트는 잘츠부르크를 다스리는 슈라텐바흐 대주교의 후원을 받으며 행복한 10대 시절을 보냈어. 대주교는 음악을 좋아했고, 모차르트의 예술적 재능을 존중해 주었지. 하지만 그가 죽은 뒤 대주교가 된 콜로레도는 전혀 달랐어.

"내가 너한테 돈을 주는 사람이라는 거 알지? 내가 시키는 대로 하란 말이야. 인기 끌려고 오페라 같은 거 작곡하지 말고, 교회 음악을 만들어 나한테 바치라고. 음악 하인 주제에 주인의 명령을 어기면 너에게 주던 돈을 끊어 버릴 거야!"

자존심이 상한 모차르트는 잘츠부르크를 떠나 빈으로 갔어. 모차르트가 갓 스물이 됐을 때였지. 하지만 당장 문제가 생겼어.

"대주교의 후원을 받지 않겠다고 큰소리치기는 했는데, 당장 돈이 한 푼도 없으니 이를 어쩌지? 돈이 되는 일은 뭐든지 해야겠구나."

모차르트는 엄청나게 많은 일을 했어. 호텔에

모차르트의 생가

묵을 때나 마차를 타고 다닐 때도 일을 멈추지 않았대. 하루에 열여덟 시간 동안 작곡이나 연주를 한 날도 있었어.

모차르트가 만든 오페라가 인기를 끌면서 한때 돈을 많이 벌기도 했어. 하지만 모차르트는 돈에 대한 생각이 부족했어. 돈이 생기면 아끼지 않고 펑펑 써 댔단다. 어떨 때는 무도회를 열어 밤새 춤추며 노는 일에 돈을 다 써 버리기도 했대. 그러다 돈이 떨어지면 굶어 가며 또 작곡을 해서 돈을 버는 일을 반복했어. 그러는 사이 600곡이 넘는 작품을 만들었지.

돈이 없을 때는 몸을 돌보지 않고 일을 하고, 돈이 생기면 방탕한 생활에 빠져 살던 모차르트는 점점 건강이 나빠졌어. 끝내 고향에 돌아오지 못하고 35세에 오스트리아 빈에서 세상을 떠났어.

한때 모차르트를 쫓아냈던 잘츠부르크가 지금은 완전히 '모차르트의 마을'이 되었어. 게트라이데 거리에 있는 모차르트 생가는 이제 모차르트 박물관이야. 모차르트가 작곡한 곡들의 악보, 피아노, 바이올린, 그가 쓰던 침대 등이 전시되어 있어. 모차르트가 작곡한 오페라 공연을 동영상으로 감상할 수 있는 작은 방도 있고.

볼프강 아마데우스 모차르트

요즘 잘츠부르크에서는 해마다 <u>잘츠부르크 음악제</u>가 열려. 모차르트를 기념하기 위해서지. 이때는 전 세계에서 온 음악가와 음악 팬들이 거리를 가득 메운단다. 잘츠부르크 어디를 가나 모차르트 음악이 하루 종일 흘러.

이뿐인 줄 아니? 잘츠부르크는 여기저기에 모차르트가 있어. 모차르트 광장도 있고, 잘츠부르크 공항 이름은 모차르트 공항이야. 가장 유명한 기념품은 모차르트 모양의 초콜릿과 사탕이고. 이 정도면 모차르트가 잘츠부르크에 아직 살아 있다고 해도 되지 않을까?

전쟁을 겪으면서도 문화유산을 지킬 수 있었던 비결

사실 잘츠부르크를 찾는 사람들의 대부분은 모차르트를 보려고 오는 거야. 그래서 죽은 모차르트가 잘츠부르크를 먹여 살린다고 우스갯소리를 하는 사람들도 있어.

알프스 산 속에 있는 잘츠부르크는 옛날부터 자연이 아름답기로 유명했어. 하지만 이 마을에 아름다운 자연환경만 있었다면 지금처럼 유명세를 얻기는 힘들었을지도 몰라. 모차르트가 살던 집, 파이프오르간 연주자로 활동했던 대성당 등 모차르트의 모든 것을 소중하게 간직했기 때문에 세계 문화유산 마을이 될 수 있었어.

오스트리아는 아주 오래 전부터 엄격한 법을 만들어 문화유산을 보호해

마리아 테레지아

왔어. 합스부르크 왕가의 유일한 여성 통치자였던 <u>마리아 테레지아</u> 여제의 명령으로 도시

이것이 궁금해

잘츠부르크 음악제 모차르트를 기념하기 위해 1920년부터 시작한 세계적인 음악 축제야. 100만 명이 찾아오는 큰 축제이고 음악제 기간에는 200여 회의 음악회가 열려.

마리아 테레지아 합스부르크 왕가의 후계자였지만 여성은 황제가 될 수 없다는 규정 때문에 황후가 되었어. 실질적으로 오스트리아를 통치하면서 유럽 여러 나라들의 다툼 속에서 오스트리아를 지켜내고 국가의 발전을 이끈 뛰어난 지도자야.

건축물을 보존했고, 그 후에는 더 강력한 법으로 문화재를 보호했어.

잘츠부르크가 문화유산을 지켜오기까지는 몇 번의 위기가 있었어. 가장 큰 위기는 나폴레옹 전쟁 때였어. 나폴레옹 군대가 쳐들어와서 온 마을의 물건을 뺏어 갔고 마을은 폐허가 되었어. 경제적으로 큰 어려움을 겪어야 했지. 이것을 되돌리는 데 수십 년이 걸렸어.

제2차 세계대전 때도 공중 폭격을 맞아 마을 여기저기가 무너졌어. 오스트리아가 전쟁을 일으킨 독일과 엮이는 바람에 더 많은 수난을 겪은 거야. 그때 잘츠부르크 대성당이 크게 파괴되었어.

전쟁이 끝난 후 부서진 잘츠부르크 대성당을 다시 짓기로 뜻을 모은 잘츠부르크 사람들은 역사학과 고고학을 공부해서 이 성당을 처음 지었을 때 어떤 모습인지를 찾아냈어. 옛날 기록을 꼼꼼히 살펴보면서 원래의 모습에 가장 가깝도록 다시 지었지.

잘츠부르크 사람들은 세계 문화유산 마을로 지정되기 훨씬 이전부터 국가와 힘을 합쳐 문화유산을 보호하려고 노력했어. 잘츠부르크 사람들은 말해. 세계 문화유산 마을로 지정된 1996년 이후의 문화재 보호 활동이 이전과 크게 달라지지 않았다고. 그만큼 오래 전부터 마을 사람들이 중심이 되어 문화유산을 지켜 왔다는 뜻이야.

문화재를 지킬 때 법보다 더 중요한 것은 문화유산을 지키겠다는 사람들의 마음이야. 잘츠부르크 사람들의 노력 덕분에 지금 잘츠부르크는 중세 시대의 역사와 모차르트의 음악을 간직한 문화유산 마을이 될 수 있었던 거야.

유네스코가 잘츠부르크를 세계 문화유산 마을로 지정한 이유

잘츠부르크는 이탈리아와 독일의 문화 교류에 중요한 역할을 한 지역이다. 중세 후기부터 20세기까지 건축된 건물과 교회들이 종교와 도시가 어우러진 유럽 도시의 특징을 잘 보여 준다. 천재 음악가 볼프강 아마데우스 모차르트의 출생지이며, 도시와 음악의 연관성이 매우 높다.

국가 | 오스트리아　**위치 |** 잘츠부르크 주　**등재 연도 |** 1996년

지도로 보는 유네스코 세계 문화유산 마을

가톨릭 문화의 중심지로 '북쪽의 로마'가 되고자 했던 잘츠부르크는 교회와 도시의 모습이 잘 어우러져 있어. 잘츠부르크 대성당, 레지덴츠 궁전과 광장, 미라벨 정원, 웅장한 호엔 잘츠부르크 성과 중세 시대 간판의 전통을 이어가는 게트라이데 거리는 잘츠부르크 1,000년 역사의 증거란다.

호엔 잘츠부르크 성
잘츠부르크 시내 어디에서든 보이는 묀히스베르크 산 위에 세워진 웅장한 성이야. 대주교 게프하르트가 황제의 공격을 대비하기 위해 지었어. 수비와 공격이 가능하고 안에는 대주교가 생활할 수 있는 기도실, 성당, 도서실, 인형 극장까지 갖추고 있어.

잘츠부르크 대성당
1만 명을 수용할 수 있는 중유럽 최대 규모의 성당이지. 입구에는 대리석으로 조각한 베드로와 바울, 잘츠부르크의 두 수호인 성인 루퍼트와 비르길의 동상이 서 있어. 청동 대문 세 개는 각각 믿음, 소망, 사랑을 상징하지. 성당 안에는 파이프 6,000개로 만든, 유럽에서 가장 큰 파이프오르간이 있어.

레지덴츠 궁전과 레지덴츠 광장
레지덴츠 궁전은 수백 년 동안 잘츠부르크의 대주교가 머물고 일을 하던 바로크 양식의 궁전이야. 안에 들어가면 대주교의 집무실과 침실, 예배당을 볼 수 있어. 레지덴츠 궁전 앞의 넓은 광장이 레지덴츠 광장이고. 광장 중앙에는 바로크 양식의 화려한 분수대가 있어.

미라벨 정원
디트리히 대주교가 아내를 위해 세운 궁전이었어. 그는 결혼할 수 없다는 가톨릭 규율을 어긴 것 때문에 대주교 자리에서 쫓겨났어. 대주교가 죽은 후에 '아름답다'는 뜻의 미라벨(Mirabell) 정원이 되었어. 페가수스 동상과 분수대가 아름다운 것으로 유명해.

게트라이데 거리
잘츠부르크의 중심가에 있는 쇼핑 거리야. 가게마다 업종을 알리는 독특한 모양의 철제 간판이 달린 것이 특징이야. 우산 가게에는 우산 모양 간판이, 구두 가게에는 구두 모양 간판이 걸려 있어.

모차르트 생가
게트라이데 거리에 있는 노란색 5층 건물이야. 모차르트는 이 집에서 태어나 열일곱 살이 될 때까지 살았어. 그가 사용했던 침대, 피아노, 바이올린, 자필 악보, 서신 등이 전시되어 있어. 모차르트가 가족과 잘츠부르크에서 생활하던 모습과 초상화 등도 볼 수 있어. 모차르트 CD와 각종 기념품을 파는 가게와 카페는 잘츠부르크를 여행하는 사람들이 꼭 들르는 장소야.

오스트리아의 또 다른 마을 나들이

음악과 왈츠가 흐르는 도시
빈

   오스트리아의 수도는 빈이야. 영어로는 비엔나, 독일어로는 빈이라고 부르지. 빈은 프랑스 파리와 함께 유럽에서 문화와 예술이 가장 발달한 곳이야. 그중에서도 음악이 발전했어.

   빈이 음악 도시로 발전한 것은 합스부르크 왕가, 합스부르크 제국과 관련이 있어. 합스부르크 왕가는 오스트리아를 중심으로 체코, 폴란드, 헝가리, 루마니아 등의 영토를 차지한, 유럽에서 가장 강력한 제국을 세웠어. 합스부르크 왕가의 세력이 커질수록 그들의 고향 빈도 발전했단다. 빈이 상업과 경제의 중심지가 되면서 엄청난 돈이 오고갔지. 더불어 문화와 예술도 발전했어. 음악가들이 빈으로 모여든 것도 이 때문이야. 빈에서는 거의 매일 밤 오페라와 왈츠 음악회가 열리니까 돈을 벌 기회가 많잖아. 잘츠부르크를 떠난 모차르트가 빈으로 간 이유도 음악이 엄청나게 발전해 있었기 때문이야. 음악가 베토벤도 빈에 살면서 작곡을 했어. 슈베르트와 요한 슈트라우스는 빈에서 태어났고.

   빈을 유럽의 중심 도시로 올려놓은 사람은 합스부르크 왕가 출신의 요제프 황제야. 원래 빈의 중심가에는 오스만 제국이 쳐들어오는 것을 막기 위해 쌓은 높은 성벽이 있었어. 그런데 요제프 황제는 1857년에 이 성벽을 없앴어. 빈이 발전하면서 인구는 늘어나는데 성벽이 가로막고 있으니까 쓸 수 있는 땅이 부족한 거야. 전쟁에 대비하기 위해 만든 성벽을 없애는 것은 그 당시로는 굉장히 위험한 일이었어.

　요제프 황제는 언제 일어날지 모르는 전쟁 때문에 땅을 버려두기 보다는 도시로 발전시키는 쪽을 선택한 거야. 성벽을 없앤 자리에 건물을 짓고 도로를 넓혔어. 마을이 넓어지면서 주택이 부족했던 문제가 해결되고 교통의 흐름도 좋아졌어. 이때 빈의 인구가 30퍼센트 가량 늘었대. 오늘날 빈의 모습은 이때부터 시작된 거야.

　현재 빈은 인구 182만 명이 살고 있는 오스트리아 제1의 도시이자 유럽의 정치, 문화, 예술의 중심지란다.

신과 인간 사이를 이어 준
천재들의 놀이터
이탈리아 피렌체

르네상스 예술의 꽃이 활짝 피어 있는 마을

어서 와! 이곳은 꽃의 도시 피렌체야. 집집마다 가게마다 꽃이 놓여 있는 것을 봐. 이탈리아 사람들은 피렌체를 '꽃의 도시'라고 불러. 피렌체(Firenze)라는 이름이 이탈리아어로 '꽃'이라는 뜻의 '피오레(fiore)'에서 나왔거든.

길을 잘 보고 걸어야 해. 이 골목은 600년 전에 만들어진 길이야. 차가 지나가기 어려울 정도로 좁고 복잡해서 길을 잃기 쉬워. 만약 길을 잃었을 때는 피렌체 어느 곳에서도 보이는 산타 마리아 델 피오레 대성당의 쿠폴라를 향해 걸으면서 방향을 찾으면 돼. 저 성당이 피렌체의 중심이거든. 우리도 쿠폴라를 향해 걸어가 볼까?

관광객이 정말 많지? 피렌체에는 마을 사람과 관광객이 섞여 산다고 해도 될 정도야. 이 작은 마을에 미술관, 박물관이 70개가 넘어. 고대 그리스·로마의 고전과 예술 작품을

피렌체 전경

연구하고 따라 하려는 학문의 흐름을 르네상스라고 하거든. 이곳 피렌체 거리에는 르네상스 시대의 조각과 그림이 가득해. 전 세계에서 많은 사람들이 르네상스 시대의 예술을 느끼기 위해 지금도 피렌체를 찾고 있어.

인간의 사랑, 기쁨, 아름다움을 처음으로 표현한 작가, 단테

우선 성 조반니 세례당부터 가 볼까? 성 조반니 세례당은 4세기경에 지어진 팔각형 모양의 건물이야. 피렌체에서 가장 오래되었지.

이곳이 왜 유명한지 알아? 단테가 세례를 받은 곳이기 때문이야. 단테는 이탈리아 최고의 시인이야. 그가 쓴 「신곡」은 르네상스 시대를 연 작품이란다. 1304년부터 1320년까지 지옥 편, 연옥 편, 천국 편으로 나누어 쓴 단테의 대표작인데, 단테는 「신곡」에서 처음으로 사람의 감정을 글로 나타냈어. 단테가 이런 글을 쓸

성 조반니 세례당

이것이 궁금해

쿠폴라 둥근 지붕 또는 천장을 뜻하는 이탈리아어야. 돔(dome)과 같은 의미야.

르네상스 14~16세기에 이탈리아 피렌체를 중심으로 일어난 문화 운동이야. 학문이나 예술을 인간의 생각과 느낌 중심으로 표현해 보자는 움직임이었어.

「신곡」 피렌체 출신의 문학가 단테가 쓴 「신곡」은 고대 그리스의 철학, 신학과 중세의 크리스트교 사상을 담고 있어. 단테가 지옥에 갔다가 고통이 조금 덜한 연옥을 거쳐 베아트리체와 함께 천국에 간다는 내용이야.

수 있었던 이유는 어릴 적 경험 때문이야.

단테는 아홉 살 때 한 파티에서 베아트리체라는 소녀를 보고 첫눈에 반해 버렸어.

"오, 진주 빛깔을 가진 소녀여! 베아트리체의 아름다움, 베아트리체를 사랑하는 마음을 어떻게 표현해야 할까?"

하지만 단테는 아버지 뜻에 따라 열두 살이 되던 해에 다른 여자랑 결혼해야만 했어. 베아트리체를 사랑

산타 트리니타 다리에서 베아트리체를 만난 단테

했지만 만나지 못한 채 그리움만 쌓여 갔지. 그러다가 처음 본 이후 9년 만에 우연히 베아트리체를 다시 만났어. 어색하게 몇 마디 말을 나누고 금세 헤어졌지. 단테가 베아트리체를 만난 것은 평생 딱 두 번뿐이었어.

단테는 베아트리체를 그리워하고 사랑하는 마음을 표현한 글을 썼어. 이 글은 이전 시대와는 완전히 달랐어. 이전의 중세 시대 글에는 신을 찬미하는 내용만 있었지만 단테의 글에는 사랑, 기쁨, 아름다움처럼 인간의 감정이 그대로 드러났어. 사람들은 단테의 글에 감동했어. 점점 단테를 따라 하는 예술가들이 늘어나기 시작했단다.

단테의 문학에서 시작한 르네상스 정신은 미술, 음악, 건축, 과학으로 퍼져 나갔어. 특히 미술의 발전이 눈부셨지. 풍경화는 사람의 눈에 보이는 그대로 그리고, 인물화는 웃음, 슬픔 등 감정을 넣어서 그리는 변화가 일어난 거야.

건물보다 더 유명한 출입문

성 조반니 세례당이 유명한 진짜 이유는 '천국의 문' 때문이야. 왜 문 때문에 성 조반니 세례당이 유명해진 것인지 궁금하지 않니?

한때 유럽에 흑사병이 돌았던 적이 있어. 피렌체에도 많은 사람들이 죽어 갔지. 사람들

은 신에 대한 믿음이 깊어지면 흑사병을 물리칠 수 있을 것이라 생각했어. 그래서 성서의 내용을 조각한 청동 문을 만들어 성 조반니 세례당에 달기로 했지. 1401년에 청동 문을 제작할 사람을 공개 모집했어. 내로라하는 피렌체 예술가 일곱 명이 모여들었단다.

기베르티

그중 브루넬레스키와 기베르티라는 두 사람이 마지막 심사에 올랐어. 경쟁 끝에 조각가였던 기베르티가 선정되었지. 기베르티는 그때부터 다른 작품은 안 하고 청동 문 만드는 일에만 매달렸어. 무려 21년을 문을 만드는 데 썼지.

기베르티가 만든 청동 문은 문을 스물여덟 개의 화면으로 나누어 신약성서에 나오는 내용을 섬세하게 조각한 작품이었어. 이 문이 너무나 훌륭해서 북쪽 문을 하나 더 만들어 달라고 부탁했지.

성 조반니 세례당의 '천국의 문'

기베르티는 새로 만드는 문은 화면을 열 개로 나누고 구약성서에 나오는 인물을 정교하게 묘사하면서 원근법까지 넣었어. 이 문을 만드는 데 또 27년이 걸렸지. 이렇게 공을 들였더니 전에 만든 문보다 더 좋은 작품이 나왔지 뭐야. 피렌체 사람들은 새 작품이 너무 마음에 들었어.

"먼저 제작했던 동쪽 문을 북쪽으로 보내고, 새롭게 만든 문을 동쪽 입구에 달도록 합시다!"

동쪽이 가장 좋은 자리였거든. 동쪽 문과 북쪽 문을 바꾼 일이 별 것 아닌 것 같지만 엄청난 변화란다. 예전 같으면 한 번 달아 놓은 문을 바꾸는 일은 절대 하지 않았을 거야.

이것이 궁금해
흑사병 14~17세기에 유럽에서 일어난 전염병 페스트를 이르는 말이야. 쥐벼룩을 통해 감염되는데 병에 걸리면 살이 검게 썩으면서 죽어 가는 무서운 병이었어.

신의 뜻에 따라 제작한 문을 인간 마음대로 바꿀 수 없다고 생각했을 테니까. 사람들이 제일 많이 보는 곳에 가장 아름다운 작품을 놓는 것은 인간 중심으로 생각이 변했다는 증거야.

나중에 이 문을 본 미켈란젤로가 천국으로 가는 문 같다고 감탄을 하면서 지금까지 '천국의 문'이라고 부르고 있어.

지지대 없이 45미터의 지붕을 세운 건축 천재 브루넬레스키

자, 이번에는 천국의 문에서 뒤를 돌아봐. 그리고 저 위쪽을 올려다볼래? 흰색, 분홍색, 녹색의 대리석이 섞인 아름다운 문양의 건물과 봉긋하게 솟은 지붕이 마치 꽃의 줄기와 봉오리처럼 잘 어울리는 건물 보이지? 바로 피렌체의 두오모인 산타 마리아 델 피오레 대성당이야.

대성당의 동그랗게 솟은 지붕 쿠폴라를 지은 사람은 브루넬레스키야. 아까 '천국의 문' 만들 사람을 찾던 공개 모집에서 탈락한 그 사람 말이야. 경쟁에서 탈락한 것이 자존심이 상했던 브루넬레스키는 로마로 가 버렸어. 그리고 그곳에서 고대 건축 기술을 공부했지.

그즈음 피렌체는 상업적으로 더욱 발전해 가고 있었어. 하지만 골칫덩이가 하나 있었지. 바로 산타 마리아 델 피오레 대성당이야. 1296년에 공사를 시작해 100년 동안 지었지만 지붕을 완성하지 못한 상태였어. 지름 45미터의 동그란 지붕을 얹는 방법을 찾지 못했기 때문이야.

브루넬레스키

결국 관계자들은 산타 마리아 델 피오레 대성당의 지붕 문제를 해결할 수 있는 아이디어를 공모했어. 이때 로마에서 돌아온 브루넬레스키가 공모전에 참가해. 청동 문을 제작

산타 마리아 델 피오레 대성당의 쿠폴라

하면서 피렌체에서 이름을 날리고 있던 기베르티도 당연히 참가했고. 이번에도 최종 결선에 오른 사람은 두 사람이었어. 정말 두 사람은 운명의 라이벌이 맞는 것 같아.

브루넬레스키는 임시 지지대 없이 자체 구조만으로 버티는 이중벽의 팔각형 돔을 제안했어. 사람들은 믿지 못했지.

"지지대 없이 어떻게 그 무거운 돔이 버틸 수 있나?"

브루넬레스키는 "더 자세한 것을 말하면 경쟁자들이 내 아이디어를 훔쳐 갈 것입니다."라며 구체적인 이야기를 하지 않았어.

주최 측은 브루넬레스키를 믿어 보기로 했지. 대신 조건을 붙였어. 실력이 검증된 기베르티와 공동 작업을 하라는 거였어. 하지만 생각해 봐. 브루넬레스키가 라이벌과 같이 일하고 싶겠어? 공사를 시작한 지 얼마 지나지 않아 브루넬레스키는 꾀를 부렸어.

"제가 몸이 많이 아파 더 이상 일을 할 수 없습니다. 기베르티에게 공사 총책임자 역할을 맡기고 저는 좀 쉬어야겠습니다."

기베르티를 따돌리기 위한 거짓말이었지. 기베르티 혼자서는 쿠폴라를 올릴 수 없는 것

이것이 궁금해　**두오모**　가톨릭 대주교가 머무는 성당이야.

을 알고 있었거든. 결국 기베르티가 스스로 공사에서 손을 떼면서 브루넬레스키가 공사를 맡았어.

브루넬레스키는 우산살처럼 생긴 거대한 여덟 개의 석재 뼈대와 그 사이에 열여섯 개의 보조 뼈대를 세우면서 이를 수평으로 연결하는 기술, 400만 장의 벽돌을 조금의 오차도 없이 수평과 수직으로 정교하게 쌓는 놀라운 기술로 쿠폴라 공사를 마쳤어. 1436년, 드디어 산타 마리아 델 피오레 대성당을 완공했어.

산 로렌초 성당

르네상스를 만든 숨은 주인공, 메디치 가문

산타 마리아 델 피오레 대성당을 멋지게 성공시킨 브루넬레스키는 '건축의 천재'로 불리며 피렌체를 주름잡았어. 그러자 피렌체를 통치하고 있던 메디치 가문이 그를 후원하기 시작했지. 메디치 가문은 350년간 피렌체를 통치하면서 예술가들을 돕고, 그림을 주문하던 집안이야. 메디치 가문에서는 브루넬레스키에게 산 로렌초 성당을 지어 달라고 의뢰했어. 가족들이 미사를 드리고 묘지로 사용할 가족 성당이었지.

조반니 메디치

1446년에 완성한 산 로렌초 성당은 르네상스 건축의 완벽한 모델이야. 예전 성당들처럼 웅장하지는 않지만, 편안하고 아늑한 느낌이 드는 곳이지. 기도하는 사람이 성당의 아름다움을 최대한 감상할 수 있도록 배려해서 설계했거든.

이 성당의 주인인 메디치 가문은 은행을 운영해 유럽 최대의 부자가 된 집안이란다. 메디치 가문을 일으킨 조반니는 아들 코시모에게 유언

코시모 메디치

을 남겼어.

"우리 가문은 전통 귀족이 아니다. 돈을 많이 번 덕분에 귀족의 위치에 올라 피렌체를 통치할 수 있었어. 우리 가문은 피렌체 사람들의 지지가 있어야 권력을 계속 유지할 수 있다. 사람들의 공감을 얻을 수 있는 일을 해라. 존경 받는 일을 해라. 항상 겸손해야 한다."

실제로 조반니는 가난한 사람들을 돕고, 곤경에 빠진 성직자나 귀족을 구해 주었어. 피렌체를 발전시키는 일에 자신의 돈을 기꺼이 내놓았지. 재능 있는 예술가를 후원하는 메디치 가문의 전통도 만들었어.

아들 코시모도 피렌체 시민들의 공감을 얻으려고 노력했어. 엄청난 부자이면서도 거대한 왕궁이 아닌 소박한 집을 짓고 살았고, 피렌체를 돌아다닐 때는 말을 타지 않고 걸어 다니면서 시민들에게 친절하게 인사를 했지.

시민들의 마음을 얻기 위한 행동 중 하나가 좋은 예술 작품을 만들어 내는 것이었단다. 그 당시 사람들은 그림이나 조각을 보면서 신에 대한 믿음을 키웠어. 훌륭한 작품이 있는 피렌체에 산다는 것에 자긍심도 가졌지. 그러니 좋은 미술 작품을 많이 만들어서 전시해 주는 메디치 가문에게 얼마나 고마웠겠어? 메디치 가문에서 계속 주문을 하니까 예술가들은 돈 걱정 없이 좋은 작품을 만드는 데만 집중할 수 있었고.

메디치 가문은 예술 후원으로 시민들의 마음을 얻으면서 피렌체를 통치했어. 그 덕분에 르네상스 미술이 눈부시게 발전할 수 있었던 거란다.

르네상스의 전성기를 이끈 미술 천재, 다빈치와 미켈란젤로

피렌체 곳곳에는 메디치 가문의 흔적이 많이 남아 있어. 그중 하나가 시뇨리아 광장이야. 자세한 이야기는 걸으면서 해 줄게.

시뇨리아 광장에 가면 미켈란젤로의 작품 「다비드」를 볼 수 있어. 우리가 잘 아는 미켈란젤로도 메디치 가문의 후원을 받아 작품 활동을 했거든. 15세에 메디치 가문의 양자로

시뇨리아 광장

들어가서 비교적 편안한 환경에서 미술에 전념할 수 있었지.

미켈란젤로 이야기가 나왔으니 다빈치 이야기도 빼놓을 수 없겠는 걸? 미켈란젤로와 다빈치는 르네상스 시대를 이끈 천재로 비교되곤 해. 하지만 다빈치가 미켈란젤로보다 스물세 살 많으니까 단순히 비교하기는 어려워. 같은 미술이지만 두 사람이 잘 하는 분야도 전혀 달랐고.

다빈치는 예술, 과학, 기술 등 다양한 분야에 관심을 가진 천재였어. 미술 중에서는 그림 쪽이 특기였어.

다빈치가 베로키오라는 화가의 제자로 일할 때의 일이야. 스승이 그리다 만 그림의 한 귀퉁이에 천사를 그리게 되었어. 다빈치가 그린 천사 그림을 본 스승은 제자가 자신보다 훨씬 잘 그린다는 것에 충격을 받았어. 그날 이후 베로키오는 그림으로 다빈치를 뛰어 넘을 수 없다고 생각해 그림을 그만두고 조각에만 전념했대.

레오나르도 다빈치의 자화상

다빈치가 남긴 작품은 20점이 채 되지 않아. 완성하지 못한 그림이 훨씬 많지. 다빈치의 걸작 「모나리자」 알지? 「모나리자」조차 모나리자의 눈썹이 없는 것을 보고 미완성작이라고 말하는 사람들이 있어.

다빈치가 그림을 잘 그렸던 것과 달리 미켈란젤로의 특기는 조각이었어. 미켈란젤로의 대표작은 1504년에 만든 「다비드」야.

미켈란젤로의 초상화

다비드는 거인 장수 골리앗을 무너뜨린 소년 영웅 다윗을 말하는 거야. 피렌체가 작은 국가지만 주변국보다 훨씬 강하다는 것을 상징하려는 의도가 담긴 작품이지.

미켈란젤로는 5미터가 넘는 대리석으로 「다비드」를 만들 때 머리와 손을 몸에 비해 훨씬 크게 만들었어. 정면에서 보면 비례가 전혀 맞지 않아. 천재 조각가 미켈란젤로가 왜 그런 실수를 했는지 정말 이상하지 않니? 사실은 이 안에 미켈란젤로의 천재성이 숨어 있어.

"사람들이 조각 작품을 볼 때 아래에서 위로 올려 본다. 그렇다면 눈에서 가장 먼 머리를 크게 해야 가까이에 있는 몸체와 비례가 맞을 것 아닌가?"

맞아, 사람의 눈에 비례가 딱 맞도록 미리 계산을 한 거야. 그래서 「다비드」를 제대로 보려면 5~7미터쯤 떨어져서 아래에서 위로 올려다 보아야 해. 그게 미켈란젤로의 의도였으니까.

참, 지금 시뇨리아 광장에 있는 「다비드」는 모조품이야. 작품 보호를 위해 진짜 작품은 아카데미아 미술관으로 옮겨 보관하고 있어. 이곳은 1563년 이탈리아에서 처음으로 피렌체에 국립미술학교가 생긴 후 학생들의 작품을 보관하던 장소였는데 지금은 미술관이 되었지.

시뇨리아 광장에 있는 「다비드」 모조품

아카데미아 미술관에 있는 「다비드」 조각상

다빈치와 미켈란젤로, 천재도 경쟁은 힘들어

「다비드」 조각상 뒤에 있는 저 건물이 베키오 궁전이야. 다빈치, 미켈란젤로와 얽힌 아주 재미있는 사연이 있는 건물인데 한번 들어 볼래?

베키오 궁전

1504년, 베키오 궁전에서 두 사람의 경쟁이 벌어졌어. 피렌체 시청으로 쓰이던 베키오 궁전의 벽면을 꾸미는 일이었지. 당시 피렌체 시에서는 새롭게 만든 시청 대회의실이 옆 나라 베네치아의 것보다 더 멋진 공간이 되기를 바랐어. 베네치아의 대회의실이 아름답기로 유명했거든. 두 천재 예술가를 경쟁시켜 사람들의 관심을 끄는 동시에, 가장 아름다운 회의실을 만들고 싶었던 거야.

다빈치와 미켈란젤로는 양쪽 벽을 하나씩 꾸미는 일을 맡았어.

"나는 앙기아리 전투 장면을 그리겠어. 미켈란젤로를 이기기 위해 벽화용 물감을 새로 개발해서 사용할 거야."

"나는 피렌체가 승리한 카시나 전투를 그릴 거야. 이웃 나라 피사와 싸웠던 이 전투에서 피렌체 군인들은 정말 용감했어. 군인의 아름다운 몸을 그려서 다빈치를 이길 거야!"

루벤스가 다빈치의 작품을 따라 그린 「앙기아리 전투」

다빈치는 벽화의 밑그림도 그려 놓았어. 하지만 다빈치가 시도한 특수 벽화 기법은 실패했어. 물감이 자꾸 벽면을 타고 흘러내렸거든. 다빈치는 물감 개발의 실패가 거듭되면서 자신감이 떨어졌나 봐. 다른 곳에 일거리가 생기자 그 일을 핑계로 가 버렸어.

미켈란젤로도 눈치 보기는 마찬가지였어. 로마에서 교황이 바뀌었다면서 성당 꾸미는 일을 의뢰하자 로마로 도망을 갔어. 다빈치와의 경쟁이 부담스러웠던 거야.

두 사람의 대결은 결론 없이 끝나 버렸어. 이들의 경쟁이 완성되었다면 르네상스 최고의 걸작이 또 하나 탄생했을 텐데 무척 아쉽지?

이것이 궁금해   **앙기아리 전투**   다빈치가 베키오 궁전의 벽화 작업을 위해 스케치한 것을 17세기 화가 루벤스가 따라 그려 놓은 작품이 현재 남아 있어.

르네상스 시대에서 시간이 멈춘 마을, 피렌체

피렌체는 르네상스 시대의 건축과 미술을 고스란히 담고 있어. 마치 600년 전에 시간이 멈춘 것처럼 말이야.

오늘날 피렌체가 세계 문화유산 마을이 될 수 있었던 것은 메디치 가문의 마지막 후계자 안나 마리아의 현명한 선택 덕분이야. 그녀는 유럽 전역에서 모은 예술 작품, 피렌체 작가들에게 주문했던 작품 등 메디치 가문의 전 재산을 피렌체 시에 기증했어. 딱 한 가지 조건을 붙였지.

우피치 미술관

"모든 예술품은 국가 소유이며, 어떠한 경우에도 외부로 유출할 수 없도록 해주십시오."

메디치 가문의 사무실로 사용하던 건물도 내놓았어. 르네상스 시대 작품이 많이 전시되어 있는 우피치 미술관이 그때 메디치 가문이 기증한 건물이야.

메디치 가문은 르네상스 시대의 예술이 자기들만의 것이 아니라 세계의 모든 사람들이 함께 누려야 할 재산이라고 생각했던 거야.

천재들의 노력과 메디치 가문의 지혜가 합쳐진 덕분에 피렌체는 찬란한 르네상스 예술의 꽃을 피울 수 있었단다.

유네스코가 피렌체를 세계 문화유산 마을로 지정한 이유

피렌체는 마을 자체가 독특한 예술 작품이라고 할 수 있다. 르네상스 예술이 처음 시작된 곳이고, 이후 르네상스 미술은 이탈리아와 유럽 전체로 퍼져나갔다. 이런 환경 속에서 예술 분야의 두 천재 레오나르도 다 빈치와 미켈란젤로는 마음껏 재능을 발휘할 수 있었다.

국가 | 이탈리아   위치 | 토스카나 주   등재 연도 | 1982년

지도로 보는 유네스코 세계 문화유산 마을

르네상스의 근본정신은 인문주의야. 미술가들이 인간의 얼굴 표정과 육체의 아름다움을 표현하고, 자연을 연구하여 정확히 묘사하면서 발전했어. 우피치 미술관, 아카데미아 미술관, 산타 마리아 델 피오레 대성당, 조토의 종탑, 시뇨리아 광장, 베키오 궁전, 산타 크로체 성당이 모여 있는 피렌체는 르네상스 시대의 찬란한 유산이야.

산타 마리아 델 피오레 대성당
'꽃의 성모마리아 성당'이라는 뜻처럼 화사하고 아름다운 성당이야. 피렌체가 번영하면서 시민들의 자부심을 높이기 위해 토스카나 지방에서 가장 크고 화려한 성당을 지은 거야. 가톨릭 대주교가 머무는 두오모 성당이자 피렌체의 정신적 기둥 역할을 하는 곳이야.

성 조반니 세례당과 천국의 문
성 조반니 수호신을 모신 세례당은 피렌체 유적 중 가장 오래되었어. 이곳은 동쪽 출입문인 '천국의 문'이 아주 유명하지. 이 문은 열 개의 화면에 구약성서의 내용을 조각한 청동 작품으로 기베르티가 27년 동안 제작했어. 나중에 미켈란젤로가 '천국의 문'이라고 해서 지금까지 그렇게 부르고 있어.

산 로렌초 성당
393년에 세워졌던 성당을 브루넬레스키가 메디치 가문을 위해 다시 지었어. 피렌체 최초의 르네상스 양식 성당으로 메디치 가문 사람들의 무덤이 있어.

시뇨리아 광장
피렌체 사람들의 정치적 중심이었어. 정치가의 연설을 듣기도 하고, 사회적 문제를 의논하기도 했지. 정치가들은 자신을 홍보하기 위해 이곳에 당대 최고 조각가의 작품을 세웠대.

베키오 궁전
피렌체는 메디치 가문의 집권이 끝나고 아홉 명의 행정관이 다스리는 공화정을 잠깐 선택했던 적이 있어. 그들이 일을 하던 시청 건물이야. 나중에 다시 통치하게 된 메디치 가문의 코시모 1세가 이곳에 머물면서 화려한 왕궁으로 바꾸었지. 지금도 피렌체 시청사로 쓰고 있어.

우피치 미술관
메디치 가문이 사용하던 사무실과 예술 작품을 그대로 피렌체에 기증하면서 생긴 미술관이야. 유럽 전역에서 수집한 예술품과 고대 유물, 르네상스 시대 걸작이 가득해. 보티첼리의 「봄」, 「비너스의 탄생」이 걸려 있는 방이 제일 인기 있어.

이탈리아의 **또 다른 마을** 나들이

유럽의 정치, 종교, 예술로 통하는 길

로마

로마는 오랫동안 유럽 역사와 문화의 중심이었던 마을이야. 기원전 753년 팔라티노 언덕에서 시작되었지. 참, 로마를 요즘처럼 하나의 도시라고 생각하면 안 돼. 아주 오래 전에 로마는 거대한 국가를 가리키는 이름이었어. 로마 제국은 서쪽으로는 영국, 동쪽으로는 터키를 넘어 중동까지, 남쪽으로는 아프리카, 북쪽으로는 북유럽 대부분을 정복했던 엄청난 크기의 제국이었으니까.

이렇게 거대했던 제국도 4세기 말이 되면서 영토가 줄어들고 경제적 어려움을 겪으면서 제국의 지위를 잃었어. 이웃해 있던 국가인 밀라노, 라벤나에게 정치적·경제적 중심을 빼앗기고 말았지.

초강력 제국의 힘은 줄어들었지만 가톨릭 종교의 중심지 역할은 지속되었어. 6~15세기에 전 세계에 가톨릭을 전파하면서 점차 부와 힘을 되찾아 나갔어. 종교가 발전하면서 더불어 예술과 철학도 발전할 수 있었지. 로마에서는 15~16세기에 르네상스 문화가 유행했어. 16~17세기에는 현재까지 남아 있는 많은 궁전과 광장이 건설되었단다.

오늘날의 로마는 도시 전체가 유적지라고 해도 지나친 말이 아니야. 고대부터 18세기까지 수많은 문화 유적지를 보기 위해 전 세계 관광객들이 모여들고 있거든. 로마의 경제가 관광 수입으로 유지되고 있을 정도야. 또 이탈리아의 수도인 만큼 정치, 행정 기능도 로마에 집중되어 있어.

'로마는 하루아침에 이루어지지 않았다', '모든 길은 로마로 통한다'는 말에서도 알 수 있듯 로마는 2,500년 동안 유럽 문화, 예술, 종교를 이끌었던 역사적인 마을이란다.

천 년의 시간이 머무는
중세의 도시
체코 프라하

온 마을이 빨간 지붕이네! 저 뾰족한 첨탑, 웅장한 성과 교회, 작고 예쁜 건물 좀 봐. 동화책의 그림을 그대로 옮겨 놓은 것 같아! 마치 왕자와 공주가 살고 있는 마을 같지 않니? 어서 와, 여기는 동화처럼 아름다운 마을 프라하야.

어머, 저것 좀 봐. 마리오네트 인형이잖아. 줄을 매달아 위에서 나무 막대를 움직여 조정하는 인형의 움직임이 신기해. 프라하에는 마리오네트 인형 전용극장이 있을 정도로 유명해. 저쪽에는 체코 전통 복장을 입은 사람들이 폴카를 추고 있네. 폴카는 남녀가 짝을 이루어 4분의 2박자의 음악에 맞춰 추는 빠르고 경쾌한 춤이야. 정말 신나지?

지금 우리가 서 있는 곳이 카렐 다리야. 마을을 가로 질러 흐르는 이 강은 블타바 강이

마리오네트 인형

프라하 전경

고. 카렐 다리 양쪽에 30인의 조각상이 있는 것이 독특하지? 프라하 사람들이 좋아하는 성인들을 기억하고 은총을 받기 위해 세운 거래. 카렐 다리는 차가 다니지 않아서 걸어서만 건널 수 있어. 500미터쯤 되는 작은 다리지만 프라하의 역사를 담고 있는 아주 특별한 장소란다.

카렐 다리

카렐 다리는 단순히 강을 건너기만 하는 곳이 아니야. 프라하 성이 있는 서쪽과 구시가지가 있는 동쪽을 이어 주는 다리야. 거리의 악사들이 펼치는 공연, 초상화나 풍경화를 그리는 화가, 기념품을 파는 상인들까지 있어. 그래서 사람들을 더 오래 머물게 만드는 광장 같은 다리지.

우리 카렐 다리를 건너 저기 위쪽 프라하 성으로 올라가 보자. 꽤 가파른 언덕을 지나야 해서 조금 힘들지도 몰라. 준비 되었지?

체코의 왕과 대통령이 사는 프라하 성

탁 트인 프라하의 전경이 정말 시원하지? 프라하 성은 프라하의 역사가 시작된 곳이라 먼저 보여 주고 싶었어. 프라하에서 가장 높은 이곳에 9세기경에 성을 쌓으면서 마을이 만들어졌거든.

프라하 성 안에는 왕궁, 성당, 수도원, 미술관 등의 건물이 모여 있어. 성 안에 또 하나의 마을이 있는 것처럼 말이야. 프라하 성 안의 건물들은 지은 시

프라하 성

기와 건축 방법이 모두 달라. 프라하 성 안의 건물만 봐도 유럽의 건축이 어떻게 변화했는지 금세 알 수 있을 정도야.

프라하 성은 유럽에서 면적이 가장 넓은 성이래. 역대 왕들은 프라하 성 안의 왕궁에서 살았고, 현재 체코 대통령도 프라하 성 안에 살고 있어. 1,000년 동안 이어 온 프라하의 정치와 종교가 지금도 이곳에서 이루어지고 있다고 할 수 있지.

조명을 비춘 프라하 성

프라하 성은 넓은 성곽과 성당의 높은 첨탑이 어우러져 웅장한 느낌을 주곤 해. 밤에는 성에 조명을 비추어 더욱 신비롭게 보인단다.

300년 만에 네포무츠키 신부의 혀가 나타났다!

프라하 성에는 볼거리가 너무 많아. 그중에서도 가장 주목할 것은 저기 보이는 성 비투스 대성당이야. 왕이 바뀌었을 때 대관식을 치르는 프라하의 대표적인 성당이지. 1344년부터 짓기 시작해 무려 600년이 지나 오늘날의 모습을 완성한 거야. 정말 대단하지?

성 비투스 대성당

성 비투스 대성당은 금색의 모자이크가 있는 황금 문이 아주 유명해. 성서의 이야기를 주제로 한 화려한 스테인드글라스를 보기 위해 이 성당을 찾는 사람도 많아.

이곳에 들르면 꼭 찾는 장소가 있는데, 바로 무덤이야. 성 비투스 대성당 안에는 여러 왕과 성인의 무덤이 있어. 특히 네포무츠키 성인의 무덤은 가장 화려하게 장식되어 있어. 그에게 어떤 사연이 있었기 때문일까?

네포무츠키는 왕비 담당 신부였어. 어느 날 왕비가 신부에게 고해성사를 했어. 왕은 네포무츠키 신부에게 왕비의 고해성사 내용을 말해 달라고 요구했어.

"저는 신부입니다. 신자의 고해성사를 다른 사람에게 말하지 않을 의무가 있습니다. 왕께는 죄송하지만 말씀드릴 수 없습니다."

화가 난 왕은 네포무츠키의 혀를 자르고 죽였어.

성 비투스 대성당의 황금 문

성 비투스 대성당의 스테인드글라스

그리고 시신을 블타바 강에 버렸지. 얼마 후 강물의 한 지점에 별 다섯 개가 반짝이고 있더래. 가까이 가 보니 별 바로 아래에 네포무츠키의 시신이 있었대. 어때? 정말 무섭지? 그런데 이야기는 여기서 끝난 게 아니야.

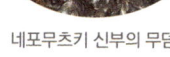
네포무츠키 신부의 무덤

그 후 300년쯤 지난 어느 날이었어. 네포무츠키의 관을 열었더니, 뼈에 붉은빛 살 한 조각이 붙어 있지 뭐야! 프라하 전체가 술렁거렸어. 교회 측은 이것이 네포무츠키의 혀라고 발표했어. 교회는 그의 책임 있는 행동을 기리며 새로운 묘를 만들어 주었어. 3톤의 은을 사용해 무덤을 아주 특별하게 꾸며 주었지. 나중에 과학자들이 무덤에서 나온 살 조각을 분석했더니, 혀가 아니라 뇌의 일부가 썩지 않고 남아 있는 거래. 어쨌든 억울하게 죽은 네포무츠키 성인의 마음이 조금은 위로가 되었을 것 같지?

가톨릭을 비판한 얀 후스 신부가 틴 성당을 바라보는 까닭은?

프라하 구시가지 광장

이제 프라하 성 밖으로 나가서 구시가지 광장으로 가 보자. 구시가지 광장까지 가려면 다시 카렐 다리를 건너서 내려가야 해. 프라하 성에 왕의 역사가 있다면 지금 가고 있는 구시가지 광장은 시민들의 역사가 있는 곳이야.

저기 위쪽에 있는 동상을 좀 볼래? 저 사람이 얀 후스 신부야. 도대체 어떤 일을 한 사람이기에 프라하에서 가장 많은 사람들이 모이는 구시가지 광장에 우뚝 서 있는 걸까?

얀 후스는 가톨릭 신부이자 프라하 대학의 총장이었어. 체코 사람들이 가장 사랑하고, 체코 역사에서 가장 존경받는 인물이야. 가난하고 힘없는 사람들을 위해 많은 것을 바꾸어 놓은 사람이거든.

"라틴어로 하던 미사를 오늘부터 쉬운 체코어로 바꾸겠습니다. 체코어로 찬송가도 만들었으니 라틴어와 글자를 모르는 사람도 마음껏 따라 부르십시오."

얀 후스는 교회가 변해야 한다고 주장했어. 그때 교회는 신자들의 죄를 없애 주는 대가로 돈을 받고 있었거든. 결국 부자는 죽어서도 천국에 가지만, 가난한 사람은 교회에 돈을 내지 못해 지옥에 간다는 거잖아. 가난하고 힘없는 사람을 도와주어야 할 교회가 나쁜 일에 앞장서고 있었지 뭐야! 얀 후스는 신부이면서도 교회의 잘못을 비판했어. 농민, 노동자, 그리고 일부 귀족들에게 얀 후스 신부의 인기는 점점 높아졌어.

얀 후스 신부

권력을 독차지하고 있던 교황은 얀 후스의 세력이 커지는 것이 두려웠겠지? 교황은 얀 후스가 종교에 대해 잘못된 생각을 가지고 있다고 트집을 잡아 신부 자격을 빼앗았어. 그리고 사형 선고를 내렸지. 얀 후스는 교회는 진실해야 한다는 신념을 끝까지 버리지 않았어. 그는 1415년 손발이 묶인 채 불에 타 죽었어.

사람들은 교황이 얀 후스를 죽인 것에 크게 화가 났어. 후스파(Hussites)라고 불리던 사람들은 성당과 수도원을 마구 파괴했지. 교황은 후스파 폭도들을 진압한다며 군대를 동원했어. 이후에도 가톨릭과 후스파의 싸움은 계속되었어.

저기 뾰족하게 솟은 쌍둥이 첨탑이 있는 성당 보이지? 저기가 얀 후스를 따르던 사람들이 머물던 틴 성당이야. 후스파는 교회의 개혁을 외치며 저항했지만 가톨릭의 막강한 세력에 무너지고 말았어. 후스파가 차지하고 있던 틴 성당도 교황에게 다시 빼앗겼고. 그의 동상이 그를 따르던 사람들이 머물던 틴 성당을 사랑스럽게 바라보면서 저렇게 서 있는 이유란다.

얀 후스가 교회의 변화를 주장하다 죽은 지 100년쯤 후 유럽에 진짜 종교 개혁이 일어났어. 얀 후스는 시대를 미리 내다본 사람이었는지도 몰라.

틴 성당

아름다운 천문시계가 있는 구시가지 광장에서 일어난 슬픈 사건

프라하 시청 시계탑과 천문시계

이제 저기 천문시계 쪽으로 가 볼까? 저 건물이 프라하 시청이야. 천문시계가 매일 정해진 시각에 예쁜 인형극을 보여 주는 것으로 유명해.

그런데 저 아름다운 시계탑 아래에서 엄청나게 슬픈 일이 있었어. 이 광장에서 프라하의 젊은 귀족 지도자 27명이 비참하게 죽었거든. 무슨 일이냐고? 지금부터 설명해 줄게.

1526년 무렵에 일어난 일이야. 지금의 터키가 예전에는 오스만 제국이었다는 것은 알고 있지? 서쪽으로 영토를 넓혀 가던 오스만 제국이 체코를 공격한 거야. 이 싸움에서 체코는 크게 지고 말았어. 왕마저 세상을 떠나 지도자가 없는 상태가 되어 버렸지. 이 싸움이 모하치 전투야. 전쟁에서 이긴 오스만 제국은 체코를 직접 통치하지는 않고 세금이나 조공을 받는 속국을 만들려고 했어.

이 혼란을 틈타 오스트리아를 중심으로 유럽에 거대한 제국을 세운 합스부르크 왕가 출신이 왕의 자리에 올랐어. 합스부르크 왕가는 오스만 제국에 대항할 수 있는 유일한 세력이었거든. 합스부르크 왕과 군대가 체코를 보호해 주자 오스만 제국은 체코를 마음 놓고 침략하지 못했어.

하지만 잠시 동안일 줄 알았던 합스부르크 왕가의 체코 통치는 대를 이어 계속되었어. 더구나 전통 가톨릭을 믿는 왕은 체코 귀족들을 탄압까지 했어. 그때 체코 귀족들은 가톨릭에서 떨어져 나온 새로운 기독교를 믿고 있었거든. 체코 귀족들은 저항했지만 합스부르크 왕가는 꿈쩍도 하지 않았어.

"우리는 종교개혁을 지지하며 신교를 믿습니다. 합스부르크 왕가는 우리에게 가톨릭을 믿을 것을 강요하고 있습니다. 그 요구를 받아들일 수 없습니다. 우리는 당신들이 물러날 때까지 끝까지 싸울 것이오."

결국 1620년, 합스부르크 왕가와 가톨릭 세력, 프라하 귀족과 신교 세력이 각각 편을 먹고 프라하와 조금 떨어진 빌라호라 지역에서 전투를 벌이기도 했지. 이 빌라호라 전투에서 프라하의 귀족과 신교가 연합한 군대는 불과 두 시간 만에 힘없이 무너지고 말았어.

승리한 합스부르크 왕가는 전투를 일으켰던 귀족 지도자 27명을 잔인하게 죽였어. 프라하에서 사람들이 가장 많이 다니는 구시가지 광장에서 말이야.

빌라호라 전투 기념비

마리오네트 인형극을 보면서 체코어를 잊지 않으려 했던 노력

이후 체코는 한 나라가 아니라 합스부르크 왕가가 다스리는 오스트리아의 한 주가 되었어. 오스트리아는 프라하를 더 엄하게 다스렸지. 귀족들의 재산과 땅을 전부 빼앗아 버렸고 가톨릭을 의무적으로 믿게 했어. 체코어 대신 독일어만 사용하도록 정했고.

오스트리아의 지배는 300년이나 지속되었어. 시간이 갈수록 체코 사람들은 자신들의 역사와 전통을 점점 잊어 버렸어. 오스트리아가 너무 강했기 때문에 군사적으로 싸워서는 도저히 이길 수 없었어.

"더 이상 이렇게 살아서는 안 됩니다. 우리의 역사와 문화를 알아야 합니다. 오스트리아의 지배에서 벗어나기 위해 체코 민족 부흥 운동을 시작합시다!"

프라하를 중심으로 활동하던 학자와 예술가들이 모여 체코의 문화를 지키자는 운동이

이것이 궁금해 **합스부르크 왕가** 1273~1918년까지 약 650년 동안 유럽 일대를 다스렸던 왕의 가문이야. 오스트리아를 중심으로 독일, 헝가리, 이탈리아, 폴란드, 터키, 체첸, 크로아티아, 세르비아까지 포함하는 거대한 제국을 세웠어.

일어났어. 학교에서는 체코의 글과 역사를 가르쳤고, 체코어 신문도 발행했어. 그리고 오스트리아를 비판하는 마리오네트 인형극을 만들어 마음을 달랬어. 인형극을 보면서 체코어를 잊지 않으려고 노력한 거야.

프라하에 체코어 전용 극장을 건립하자는 흐름도 생겼어. 프라하에 극장은 많았지만 대

체코 국립 극장

부분 독일어 연극이나 오페라를 공연했거든. 오스트리아에 저항하기 위해 체코어로 된 오페라와 연극만 공연하는 체코 국립 극장을 짓기 위해서 돈을 모으기 시작했단다.

1881년 국립 극장 개관에 맞춘 첫 공연은 작곡가 스메타나의 「리부셰」였어. 체코의 건국 신화를 소재로 한 오페라였지. 이 공연을 보려고 전국 각지에서 사람들이 프라하로 모여들었어. 오페라를 본 사람들은 큰 감동을 받고 눈물까지 흘렸어.

그런데 예상치 못한 일이 생겼어. 극장의 문을 열고 두 달 정도 지났을 때 이유를 알 수 없는 불이 난 거야. 건물 전체를 태운 아주 큰 불이었지. 온 국민이 돈을 모아 지은 건물에 불이 났으니 얼마나 마음이 아팠겠어?

하지만 기적은 또 일어났어. 불이 난 다음 날부터 누가 먼저라고 할 것도 없이 다시 극장 설립에 필요한 성금을 모으기 시작한 거야. 극장을 다시 지을 수 있는 돈이 불과 6주

만에 모였대. 그래서 2년 만에 국립 극장을 다시 열 수 있었어. 그 당시 체코의 민족 부흥 운동의 열기가 얼마나 뜨거웠는지 짐작할 수 있겠지?

프라하가 사랑하는 작가 카프카의 이중생활

자, 이제 마지막으로 가 볼 곳은 프라하 사람들이 가장 자랑스럽게 생각하는 작가의 집이야. 누구인지 짐작할 수 있겠니? 맞아. 카프카야.

구시가지 광장 모퉁이를 돌면 바로 작은 집이 나오거든. 아, 저기 보이네! 저 집이 작가 카프카가 태어난 집터란다. 지금은 '프란츠 카프카'라는 이름의 카페가 있는데, 거기에서 시원한 주스 한 잔 마시며 이야기를 계속할까?

카프카의 생가 터

지금 우리가 걸어 온 거리 이름이 '카프카로'야. 카프카 생가 터의 건물 벽에 붙어 있는 이 조각상이 카프카의 얼굴이고. 무척 날카롭고 예민하게 생겼지? 그는 인간의 불안한 속마음을 잘 표현해서 유명해진 작가야.

카프카는 1883년 프라하에서 태어나서 마흔한 살에 죽을 때까지 대부분을 프라하에서 생활했어. 이 구시가지 광장 안에 그가 살던 집

카프카 생가 터의 건물에 있는 카프카 조각상

이것이 궁금해

스메타나 체코 민족 운동에 앞장 선 작곡가야. 체코의 역사, 영웅담, 전설, 민속 등을 활용해 오페라를 만들었어. 특히 조국을 찬미한 교향시 「나의 조국」은 지금까지 체코에서 가장 많이 연주되고 있는 음악이야.

카프카 사람이 절대 겪을 수 없을 것 같은 이상한 사건들을 통해 인간이 겪는 불안함을 표현한 작가야. 그의 대표작 「변신」은 주인공이 어느 날 끔찍한 벌레로 변해서 가족과 갈등을 겪는 이야기야. 「소송」, 「시골 의사」 등의 작품이 있어.

미누트 하우스

골즈킨스키 궁전

과 학교 등이 있었어. 미누트 하우스는 카프카가 중학교 때까지 가족들과 함께 살던 집이야.

카프카는 소설가로 유명하지만 문학이 아닌 법학을 공부한 사람이야. 카프카는 좋은 교육을 받고 자랐지만 사실 유럽에서 오랫동안 따돌림과 모욕을 당한 유대인이었어. 카프카의 아버지는 돈을 벌어 아들을 오스트리아 사람들이 다니는 왕립 학교로 보냈어. 아들이 유대인이라고 무시당하지 않고, 프라하의 지배층으로 살기를 바랐기 때문이지. 카프카가 다니던 학교가 있던 자리가 바로 골즈킨스키 궁전이야. 지금 골즈킨스키 궁전은 체코 국립 미술관으로 쓰고 있어.

카프카는 아버지의 뜻에 따라 프라하 대학에서 법학박사 학위를 받고 보험 공단에서 일을 했어. 겉으로는 아주 성실한 회사원이었지. 하지만 밤이 되면 작가로 변신하는 이중 생활을 했어. 프라하 성 안에는 금세공 장인들이 살던 황금 골목이 있는데 그 골목 22번지에 카프카의 여동생이 살았고, 카프카는 회사 일을 마치고 여동생의 집 다락방에 올라가서 글을 쓴 거야. 그가 작가인지 모르는 사람이 대부분이었지.

그래서인지 카프카는 살아 있는 동안에는 작가로 사랑받지 못했어. 그가 쓴 책이 거의 팔리지 않았거든. 카프카는 폐결핵으로 요양원에서 생을 마감하며 친구에게 부탁했어. 자기가 써 놓은 원고를 전부 불태워 달라고 말이야. 하지만 친구는 약속을 지키지 않고 그가 써 놓은 글을 책으로 출판했어. 덕분에 카프카는 죽은 후에 전 세계적으로 유명해졌단다.

프라하 성 안의 황금 골목

독일에 항복한 대가로 지킨 아름다운 마을

오늘 프라하를 돌아보니 어땠어? 한 마을에 1,000년 동안의 시간이 그대로 남아 있다니, 정말 대단하지?

프라하에 이렇게 오래된 건축물이 그대로 남은 이유는 체코의 현대사와 관련이 있어. 제2차 세계대전 때 체코의 주변 나라들은 큰 폭격을 받았어. 많은 사람들이 목숨을 잃고, 건물이 무너졌지. 마을 전체가 사라진 곳도 있어.

하지만 프라하에는 피해가 거의 없었어. 전쟁을 일으킨 독일에게 바로 항복했기 때문이야. 독일과 싸워 보지도 않고 무릎을 꿇은 일 때문에 체코는 주변 나라들의 조롱을 들어야만 했지. 그렇지만 프라하는 마을과 사람들을 그대로 지킬 수 있었어.

동화 속 그림처럼 예쁜 마을이지만 프라하의 1,000년이 늘 행복하지만은 않았어. 강대국 사이에 끼어 있는 위치 때문에 여러 나라의 침략에 시달려야 했거든. 어려움을 겪을 때마다 프라하 사람들은 조용하고 부드러운 방식으로 마을을 지켜왔어. 음악, 문학으로 민족에 대한 자부심을 키우면서 말이야. 그 덕분에 1,000년의 역사가 살아 있는 아름다운 프라하를 지금 우리의 눈앞에서 생생하게 볼 수 있는 거란다.

유네스코가 프라하를 세계 문화유산 마을로 지정한 이유

프라하는 9세기 즈음 성을 쌓으면서 마을의 역사가 시작되었고, 카렐 4세 왕이 집권한 이후 중부 유럽의 학문과 문화의 중심지로 떠올랐다. 시대별로 뛰어난 건축물이 몰려 있는 건축 박물관으로, 몇 번의 전쟁을 겪으면서도 건축물들을 잘 지켜냈다. 문학가 카프카, 음악가 스메타나 등 위대한 예술가들이 이곳에서 작품 활동을 했다.

국가 | 체코공화국   **위치** | 프라하   **등재 연도** | 1992년

지도로 보는 유네스코 세계 문화유산 마을

체코는 서쪽의 보헤미아 지방과 동쪽의 모라비아 지방이 합쳐진 국가야. 프라하는 9세기 이후부터 체코의 수도이자 건축과 문화의 중심지였어. 프라하에는 11~18세기에 건축된 다양한 양식의 건축물이 잘 보존되어 있단다.

카렐 다리
블타바 강을 건너는 다리야. 다리 양쪽에 있는 30인의 동상은 카렐 다리를 더욱 아름다운 다리로 만들어 주었어. 왕비의 고해성사 내용을 끝까지 말하지 않은 네포무츠키 동상을 만지면 소원이 이루어진다는 믿음 때문에 그 부분만 반질반질해져 있기도 해.

프라하 성
흐라트차니 언덕 위에 있는 프라하 성은 멀리서 보면 하나의 건물처럼 보이지만 실제로는 궁정, 정원, 성당 등 여러 건물로 이루어진 '성 안의 마을'로 되어 있어. 12세기에 지은 왕궁의 유적, 성 비투스 대성당, 성 이르지 성당, 벨베데레 궁전이 있어.

성 비투스 대성당
600년 동안 지어 완성한 프라하 성의 상징이 되는 건물이야. 성 바츨라프 예배당과 성서의 내용으로 창을 장식한 스테인드글라스가 특히 유명해.

구시가지 광장
고딕 양식의 구시청사와 틴 성당, 르네상스 양식의 황금반지의 집, 바로크 양식의 성 미쿨라셰 성당 등 다른 시대, 다른 양식의 건물들이 구시가지 광장에 모여 있어. 종교개혁을 외친 얀 후스가 광장을 지키고 있어.

틴 성당
80m의 쌍둥이 첨탑이 특징인 성당이야. 오른쪽 탑은 아담, 왼쪽 탑은 이브라고 부르지. 낮에도 예쁘지만 야경이 특히 아름다워.

천문시계
구시청사 탑의 남쪽 면에 있어. 죽음을 상징하는 해골 인형, 허영을 상징하는 거울 보는 사람, 부자를 상징하는 지갑을 들고 있는 사람이 매 시 보여 주는 짧은 인형극 때문에 유명해졌어. 600년 동안 프라하 구시가지 광장에서 예쁜 인형극을 보여 주고 있지.

체코 국립 극장
오스트리아의 지배를 받던 체코 국민들이 '체코어로 공연하는, 체코인을 위한 무대'를 만들기 위해 성금을 모아 지었어. 체코 작가와 음악가들의 작품만을 무대에 올렸어. 극장의 첫 작품이 체코의 건국 신화를 바탕으로 만든 「리부셰」라는 오페라였어.

카프카 생가 터
프라하에는 작가 카프카를 기념하는 곳이 30군데가 넘어. 그중 하나가 카프카가 태어난 집터야. 카프카는 1883년 이 집터에서 태어났어. 원래의 건물은 사라지고 지금은 그 자리에 카페 '카프카'가 있어.

 체코의 **또 다른 마을** 나들이

강물이 굽이치는 그림 같은 마을

체스키크룸로프

체코의 수도 프라하에서 남서쪽으로 200킬로미터 떨어진 곳에 있어. 프라하에서 버스를 타면 세 시간쯤 걸리지. 오스트리아 국경에서 무척 가까워.

체스키크룸로프라는 이름이 좀 어렵지? 체스키는 체코를 뜻하고, 크룸로프는 구불구불한 길이라는 의미야. 이름처럼 체스키크룸로프는 S자 형으로 구부러진 강가에 있는 작고 그림 같은 마을이야.

체스키크룸로프는 프라하보다 3~4세기 늦은 13세기경에 만들어졌어. 중세와 르네상스 시대의 모습을 완벽하게 보존하고 있단다. 1989년까지 개발도 거의 되지 않았고, 전쟁의 영향도 받지 않았기 때문이야.

이 마을이 유명해진 것은 1992년에 세계 문화유산 마을이 되면서부터였어. 이 작은 마을 안에 13~18세기에 지은 300여 개의 건축물이 세계 문화유산으로 등록되어 있으니 얼마나 문화재가 많은지 상상할 수 있겠지?

체스키크룸로프를 제대로 보려면 성곽 안으로 들어가야 해. 이 성은 프라하 성 다음으로 체코에서 큰 성이야. 성곽의 길을 따라 올라가면 로젠베르크 가문의 영주들이 살았던 성이 나와. 궁전과 예배당, 극장과 정원이 옛 모습대로 남아 있어. 영주의 일터, 손님을 만나는 방, 침실 등은 어지간한 왕실 저리가라 할 정도로 화려해.

특히 로젠베르크 영주가 타던 황금마차는 진짜 대단해. 로젠베르크 영주는 로마 교황을 만나러 갈 때 일반 마차에 이 황금마차를 싣고 가서 교황청 앞에서 조립해서 타고 들어갔대. 자신이 얼마나 돈이 많고 권력이 있는지를 보여 주기 위해서 말이야.

성곽에서 내려다보는 체스키크룸로프는 정말 아름다워. 이 마을에는 고딕, 르네상스, 바로크 양식 건축물이 가득해. 18세기 이후에 지어진 건물이 거의 없어서 마치 옛날 영화를 보는 것 같은 느낌이 들 거야.

CESKY KRUMLOV

괴테가 가꾼 독일 문화의 꽃
독일 바이마르

　마을이 무척이나 조용하지? 사람들은 따뜻한 햇살을 받으며 말없이 산책을 하고 있네! 거리에서 떠드는 사람이 아무도 없어. 쉿, 우리도 작은 소리로 이야기해야 할 것 같아.
　여기는 유럽에서도 철학과 문학으로 이름 높은 바이마르야. 어쩐지 사람들이 깊은 생각에 잠긴 듯 보이지 않니?
　마르크트 광장부터 가 볼까? 유럽 다른 나라의 유명한 광장에 비하면 무척 아담하지? 저기 보이는 3층짜리 건물이 바이마르 시청이야. 화려하지는 않지만 바이마르의 역사를 품은 채 당당하게 서 있는 곳이란다. 광장의 한가운데에 서서 둘러보면 건물들이 서로 어깨를 맞대고 일렬로 늘어서 있는 것 같지? 그래서 이 광장이 더 아늑한 느낌이 드는지도 몰라. 지금 보고 있는 마르크트 광장은 제2차 세계대전 때 무너졌던 것을 16세기 시절의

바이마르 전경

모습으로 되살린 거야.

괴테도 이 마을에 살면서 마르크트 광장을 숱하게 지나 다녔어. 여기서 조금만 걸어가면 괴테가 살던 집도 나와. 이따가 함께 가 보자.

마르크트 광장

어머, 저기 학생들이 수학여행을 왔네. 바이마르는 독일의 학생들이 수학여행을 많이 오는 곳이야. 독일 사람이라면 꼭 알아야 할 찬란한 역사를 품고 있기 때문이지. 바이마르를 걷는 일은 독일 역사의 길을 걷는 거야. 거리에 있는 건축물마다 특별한 역사가 스며 있거든. 특히 고전주의 시대의 뛰어난 문화 흔적이 마을 곳곳에 남아 있어.

바이마르 시청

바이마르에 예술가와 철학자들이 몰려든 이유

저쪽에 뾰족하게 탑이 솟아 있는 건물 보여? 저기가 슈타트 슐로스 궁전이야. 바이마르 역사에서 꼭 알아야 할 여성이 저 궁전에 살았어. 누구인지 궁금하지? 안나 아말리아 왕비가 그 주인공이야. 좀 낯선 이름이지? 걸어서 5분이면 도착할 수 있으니까 가까이 가서 그녀에 대한 이야기를 더 해 줄게.

궁전이 무척 아기자기하다는 느낌이 들지 않니? 슈타트 슐로스 궁전은 1535년부터 지금까지 이 자리에서 바이마르의 역사를 지켜보고 있었어.

이것이 궁금해 **고전주의** 17~18세기 유럽에서 유행한 예술의 경향. 고대 그리스·로마 시대의 작품을 모방하는 것이 훌륭한 예술 작품이라 여겼어. 논리적이고 이성적인 생각을 예술로 표현하려고 노력했지. 괴테와 실러가 활동하던 시기에 바이마르가 고전주의 문화와 예술의 중심이 되었기 때문에 특별히 '바이마르 고전주의'라고 이름 붙인 거야.

슈타트 슐로스 궁전

안나 아말리아 왕비는 바이마르 공국의 왕비였어. 그녀가 살았던 17세기 즈음부터 19세기까지 독일은 작은 국가 200~300개로 나뉘어 있었거든. 바이마르도 그중 하나였지. 당시는 인구 6,000명 정도의 작은 공국이었고 대부분의 사람들은 농민이었단다. 상점이라고는 두세 곳뿐인 시골이었지.

안나 아말리아 왕비는 18세에 남편을 잃었어. 남편이 왕위에 오른 지 2년 만에 갑자기 세상을 떠나 버린 거야. 8개월 된 아기 아우구스트 왕자를 남기고 말이야. 안나 아말리아 왕비는 큰 슬픔에 빠졌지. 하지만 마냥 슬퍼만 하고 있을 수는 없었어. 당장 바이마르 공국 왕의 일을 맡을 사람이 마땅치 않았어. 한 살도 되지 않은 아기 왕자가 나라를 다스릴 수는 없잖아.

안나 아밀리아 왕비

아들이 클 때까지 안나 아말리아 왕비가 나라 살림을 맡았어. 그녀는 16년 동안이나 아들을 대신해 바이마르 공국을 다스렸어. 그러면서 '아들이 왕위에 올랐을 때를 대비해 교육을 잘 시켜야겠구나!'라고 생각했대.

"현재 독일에서 가장 뛰어난 문학가인 빌란트를 바이마르로 모시고 오시오. 그가 작품에 썼던 이상 국가의 모습에 깊이 공감했습니다. 빌란트를 스승으로 삼아, 내 아들이 이상적인 국가를 만드는 위대한 왕이 되도록 할 것이오."

안나 아말리아 왕비는 빌란트에게 저택을 마련해 주고 아들을 잘 가르쳐 달라고 부탁

빌란트 동상과 그가 살았던 저택

했어. 아들이 왕이 된 이후, 그러니까 선생님이 필요 없어졌을 때도 그에게 매월 돈을 주면서 책을 쓰도록 했어. 유명한 작가인 빌란트가 바이마르에 계속 머물기를 원했기 때문이야.

사람들을 모으는 일은 빌란트 이후에도 계속되었어. 독일 전체를 움직이는 철학자, 문학가, 음악가들이 이 마을에 모여들었지. 음악가 바흐는 1708년부터 10년 동안 슈타트 슐로스 궁전의 오르간 연주자로 일했어. 신학자였던 헤르더는 헤르더 교회에서 일하면서 신학과 철학을 연구했대. 그곳은 원래 가톨릭 성당이었지만 종교개혁 이후에는 개신교 교회로 바뀌었어. 1776년부터 헤르더가 이 교회의 책임자를 맡으면서 나중에 붙여진 이름이라고 해.

그렇게 사람들이 모이면서 작은 시골 마을 바이마르는 순식간에 독일 문화의 중심지로 떠오르는 기적이 일어난 거야.

헤르더 교회

보석처럼 빛나는 안나 아말리아 도서관

안나 아말리아 왕비가 이런 일을 한 것은 단순히 아들의 교육 때문만은 아니었어. 왕비 자신도 작가, 음악가, 철학자들과 이야기 나누기를 좋아했지. 매주 수요일이면 책을 읽고 토론하는 모임을 만들기도 했을 정도야. 그녀는 문화 예술인과 대화를 나누면서 그들이 더 많은 작품을 창작할 수 있도록 격려를 아끼지 않았어.

그녀가 얼마나 문화와 예술을 사랑했는지는 저기 궁전 옆에 있는 안나 아말리아 도서관에 가 보면 알 수 있어. 안나 아말리아 왕비는 어느 날 건축가를 불렀어.

"궁으로 쓰던 공간 일부를 나누어 도서관을 만들어 주세요. 궁전 안에 있던 책을 이쪽으로 옮기면 책을 더 오래 보관하고 여러 사람이 읽을 수 있을 테니까요."

안나 아말리아 왕비는 독일 최초의 공공 도서관을 열었어. 나중에 바이마르에 온 괴테가 책을 고르고 보관하는 작업을 하고, 38년 동안 안나 아말리아 도서관의 감독으로 일했던 곳이기도 해.

안나 아말리아 왕비는 도서관 내부를 꾸미는 일에도 정성을 다했어. 나무 한 그루를 통째로 깎아 나선형 계단을 만들었어. 소라 껍데기처럼 빙빙 비틀려 돌아간 모양 알지? 맨 위층에는 예쁘게 치장한 넓은 파티 장소도 있어. 책을 좋아하지 않는 사람이라도 이 도서관에 앉아 있으면 금세 책과 사랑에 빠지고 말 정도로 예쁘단다.

외형의 아름다움보다 더 중요한 것은 보관하고 있는 책들이야. 안나 아말리아 도서관은 종교개혁을 한 루터가 처음 번역한 「성서」, 괴테가 처음 출판했던 「파우스트」 등 귀중한 자료를 100만 권이나 보관하고 있어.

안나 아말리아 도서관

안나 아말리아 도서관 내부

독일에서 가장 유명한 작가, 괴테를 모셔라!

성인이 되어 왕위에 오른 아들 아우구스트는 어머니의 뜻을 충실히 이어갔어. 왕은 자신을 도와줄 인재를 찾으러 다녔어. 그리고 곧 괴테를 떠올렸지. 그때 괴테는 「젊은 베르테르의 슬픔」을 쓴 인기 작가였거든. 아우구스트 왕도 괴테의 소설을 읽고 그에게 호감을 가지고 있었어. 왕은 프랑크푸르트에 가서 괴테를 직접 만났어.

칼 아우구스트 왕

"괴테 선생님! 저희 바이마르 공국에 와 주십시오. 제가 훌륭한 왕이 되려면 괴테 선생님의 도움이 꼭 필요합니다. 바이마르 공국은 작고 이름 없는 나라지만 괴테 선생님과 함께라면 독일 최고의 국가가 될 수 있을 것입니다."

아우구스트 왕은 괴테가 오면 바이마르의 정치와 문화 수준이 엄청나게 높아질 것을 미리 생각한 거야. 그에게는 좋은 사람을 찾아내는 특별한 눈이 있었는지도 몰라.

요한 볼프강 폰 괴테

그런데 말이야, 괴테가 바이마르 왕이 초청한다고 순순히 와 줄까? 대도시였던 프랑크푸르트에 살면서 유명한 스타 작가였던 괴테가 시골인 바이마르로 올 이유가 없잖아.

그런데 이게 웬일이야! 예상은 완전히 빗나갔어. 괴테가 왕의 요청을 받아들인 거야. 모두들 깜짝 놀랐어. 괴테의 부모님은 엄청나게 반대를 했대. 괴테의 아버지는 프랑크푸르트의 귀족이었고 큰 부자였어. 아들이 대도시를 버리고 시골로 가려는 게 이해가 되지 않았겠지.

괴테에게는 나름의 생각이 있었어. 가장 큰 이유는 고향인 프랑크푸르트를 떠나고 싶었기 때문이야. 그 당시 괴테는 법학을 전공하고 변호사로 일하고 있었는데, 그 일이 재미가 없었거든. 법학보다 문학에 마음이 있었어.

또 한 가지는 인기 때문이었어. 20대 중반에 독일 최고의 작가가 된 괴테의 인기는 상상 이상이었대. 인기에 들떠 있다가는 다음 작품을 쓸 수 없을 것이라 생각했던 거야. 대도시에서는 마음이 흐트러지기 쉬우니까 조용한 시골로 가겠다고 결심했던 것 같아.

도망치듯 왔던 바이마르에서 57년을 산 괴테

괴테는 아우구스트 왕보다 여덟 살 많았지만 두 사람은 평생 친구처럼 지냈어. 밤새 토론을 하고, 같이 사냥을 했어. 오두막에서 모닥불을 피워 놓고 이야기하며 밤을 지새우기도 했대.

괴테는 왕의 신뢰를 받으며 바이마르의 극장을 관리하고, 군사, 외교, 정치, 자연과학 분야에서 일을 했어. 바이마르 공국의 재상에 오를 정도로 뛰어난 능력을 보여 주었지. 재상은 지금의 국무총리나 장관 정도의 높은 직책이었어. 그렇게 바이마르 공국은 괴테로 인해 점점 발전하는 문화 국가가 될 수 있었어.

문학뿐 아니라 음악, 미술, 식물, 해부학 분야에도 남다른 지식을 지녔던 괴테는 시, 소설, 희곡 등 문학 작품도 열심히 썼어. 1775년, 26세 때 바이마르에 온 괴테는 1832년 83세로 세상을 떠날 때까지 바이마르에 살았지. 중간에 몇 년씩 여행을 떠났던 시간을 빼면

괴테의 집

고향에서보다 훨씬 더 오래 이 마을에 산 거야. 바이마르에 올 때 평생 이곳에 살겠다고 결심한 것은 아니었지만, 바이마르에서의 생활에 만족해 오래 머물게 된 거야.

아마 바이마르 공국에서 일하면서 많은 돈을 번 것도 이유가 되었

괴테의 집 내부

을 걸? 저기 노란색의 저택 보이지? 괴테의 집이야. 괴테의 집은 2층 건물 세 채가 연결되어 있고, 방이 약 40개나 됐었어. 건물을 연결하는 마당에 마차가 다니는 길이 있을 정도였다니 얼마나 부자였는지 알겠지?

괴테가 살 때는 생활공간, 손님을 만나는 방, 업무를 하는 방, 정원 등으로 나뉘어 있었대. 지금은 괴테 박물관이 되어서 공간이 조금은 달라졌지만, 그가 쓰던 가구나 읽던 책들이 아직도 남아서 괴테의 흔적을 느낄 수 있어.

괴테는 바이마르에서 최고의 인기와 명예를 누렸어. 작가, 학자, 예술가들은 괴테를 만나기 위해 바이마르로 왔어. 괴테에게 배우고 싶어 했고, 그의 추천사를 받고 싶어 했지. 괴테의 도움은 당시 예술가들에게 성공으로 가는 지름길이었기 때문이야.

괴테의 절반이 되어 준 친구, 실러

하지만 괴테도 힘들 때가 있었어. 그를 찾아오는 사람이 좀 많았어야지. 바이마르 공국에서 너무 여러 가지 일을 하다 보니 글을 쓸 시간이 늘 부족했던 것도 문제였어.

그런 괴테에게 문학적 열정을 불어넣은 이는 작가 실러였어. 독일 사람들에게 많은 존경을 받는 학자 중 한 사람인 실러는 역사학자이고 철학자이기도 해.

평소 괴테를 존경했던 실러가 바이마르로 찾아오면서 두 사람은 친구가 되었어.

"괴테 선생님! 제가 얼마 전 선생님의 단편집에서 「파우스트」의 일부분을 읽고 큰 감동을 받았습니다. 어서 이 작품을 완성하셨으면 좋겠습니다. 바이마르 공국의 업무에 바빠 작품을 쓰는 데 소홀해질까 걱정됩니다. 괴테 선생님의 위대한 작품을 기다리는 사람들이 많습니다."

사실 괴테는 바이마르에 오기 전부터 「파우스트」라는 작품을 쓸 계획을 세웠지만 본격적으로 쓰지 못하고 있었거든. 실러의 조언에 힘을 얻은 괴테는 다시 「파우스트」를 쓰기 시작했어. 괴테가 「파우스트」를 완성하기까지는 무려 60년이 걸렸어. 죽음을 불과 몇 주 앞둔 1832년에 끝냈을 정도야.

프리드리히 실러

괴테도 실러가 작품을 쓰는 데 필요한 아이디어를 주기는 마찬가지였어.

"이번에 내가 스위스를 다녀왔네. 스위스의 전설적인 영웅 빌헬름 텔의 이야기가 감동적이더군. 빌헬름 텔의 일대기를 작품으로 써 보는 것이 어떻겠나?"

괴테는 가난한 실러가 글쓰기에 집중할 수 있도록 집세도 내 주고 땔감도 보내 주었어. 스위스에 한 번도 가 보지 못한 실러는 괴테 덕분에 「빌헬름 텔」을 실감나게 써서 큰 인기를 끌었어.

실러의 집

괴테는 실러와의 만남을 '행복한 사건'이라고 이름 붙였어. 두 사람은 시간이 날 때마다 만나서 현재 쓰고 있는 작품에 대한 이야기를 나누었어. 때로 의견이 부딪히기도 했지만 그것도 서로의 작품을 쓰는 데 도움이 되었을 거야.

바이마르에서 조금 떨어진 지역에 살던 실러를 바이마르에 이사 오게 만든 사람도 괴테였어. 더 가까이 지내기 위해서였지. 괴테의 집에서 무척 가까운 곳에 실러의 집이 있어. 저기 보이네. 저 집이 실러가 부인과 네 명의 자녀와 함께 살던 집이야. 괴테의 집에 비하면 무척 작지? 괴테와 달리 실러는 평생 가난했기 때문에 집도 저렇게 소박할 수밖에 없었어.

실러가 바이마르에서 행복한 것도 잠시였어. 이사를 하고 몇 년 후 병을 앓다가 세상을 떠났어. 1805년, 실러가 46세 되던 해였어. 괴테보다 열 살이나 어렸던 실러가 먼저 가다니! 괴테의 상심이 이만저만이 아니었어. 두 사람이 나눈 10년의 우정도 끝이 나고 말았어.

"나는 한 친구를 잃었습니다. 내 존재의 절반을 잃어 버렸습니다."

실러의 집에서 걸어서 10분 정도 가면 괴테와 실러의 다정한 모습을 볼 수 있어. 저기 보이는 큰 건물이 독일 국립 극장이야. 극장 앞에 우뚝 서 있는 동상 보이지? 저 사람들이 괴테와 실러야. 괴테가 실러의 어깨 위에 손을 얹고, 함께 월계관을 붙잡

독일 국립 극장 앞에 있는 괴테와 실러의 동상

고 있어. 실제로는 실러의 키가 괴테보다 20센티미터 정도 컸다고 해. 아마도 동상을 만든 사람은 두 사람의 키를 비슷하게 해서 작품의 균형을 맞추고, 그들이 죽은 후에도 영원한 친구라는 느낌을 주고 싶었던 것 같아.

독일의 슬픔과 기쁨을 끌어안은 국립 극장

독일 국립 극장이 역사적으로 중요해진 사건이 또 있어. 1919년, 독일의 대통령과 의원들이 모여 독일 최초의 헌법을 정하는 회의가 이곳 국립 극장에서 열려서 큰 주목을 받았

거든. 독일은 그때 제1차 세계대전의 패배로 큰 혼란에 빠져 있었어. 국가를 이끌어 가기 위한 헌법부터 다시 만들어야 했지.

그런데 좀 이상하지 않니? 왜 독일의 수도 베를린을 놔두고 굳이 바이마르로 와서 헌법을 정하려고 했을까? 그 이유는 당시 정치 상황 때문이야. 정치인들은 수도에서 벌어지고 있는 갈등과 혼잡을 벗어나 한적한 장소에서 의논하는 게 좋겠다고 생각했어. 전쟁으로 힘들어 하던 독일 국민들을 하나로 묶을 수 있는 상징적인 장소를 찾았고, 그런 조건이 딱 들어맞는 곳이 바이마르였어.

독일 국립 극장에서 바이마르 헌법을 제정하고 독일 최초의 민주주의 국가 바이마르 공화국이 탄생했어. 바이마르 헌법은 국민이 주인이 되는 민주주의 원리를 정한 법이야. 하지만 바이마르 공화국은 제대로 해 보지도 못하고 1933년 히틀러가 이끄는 나치 독일 정권의 손에 무너졌어.

독일 문화와 예술의 고향

바이마르는 독일의 문화와 예술이 어떻게 발전했는지 뿌리를 알 수 있는 마을이야. 괴테 덕분에 예술과 문화의 중심지로 자리 잡을 수 있었지. 바이마르에서 시작된 문화는 유럽 전체로 퍼져 나갔어. 문학뿐 아니라 미술, 음악, 철학에도 영향을 미쳤어.

바이마르에서 시작한 또 하나의 문화가 있어. 우리가 일상에서 쓰는 물건을 편리하면서도 아름답게 디자인하는 움직임이 바로 바이마르에 있는 바우하우스에서 탄생했어. 바

이것이 궁금해

나치 독일 정권 제1차 세계대전을 일으킨 것에 대한 책임으로 독일은 영토의 일부분과 해외에 있던 식민지 대부분을 잃었어. 전쟁에 대한 비용을 물어내는 약속도 했지. 이 때문에 독일 경제가 엄청나게 나빠졌어. 히틀러가 이끄는 나치는 이 조약이 잘못된 것이라는 주장으로 독일 국민들의 지지를 얻었어. 나치 정권은 독일 민족이 우수하다는 극단적인 민족주의를 내세웠어. 동시에 독일 경제를 장악하고 있던 유대인을 괴롭히는 정책을 펼쳤어. 전 국민을 공포에 떨게 해서 자신들의 권력을 유지한 폭력적인 정권이야.

우하우스는 '예술과 기술의 새로운 통일'을 목표로 하는 예술 학교인데, 이곳의 교수와 학생들이 미국으로 건너가 새로운 시도를 계속해서 오늘날 세계 건축과 디자인이 발전할 수 있었어.

바이마르는 인구 6만 5,000명 정도의 작은 마을이지만 여전히 독일 전체에 큰 영향을 미치고 있어. 괴테, 실러, 헤르더의 흔적이 남아 문학과 철학의 아름다운 향기를 내뿜고 있단다.

유네스코가 바이마르를 세계 문화유산 마을로 지정한 이유

개혁적인 왕의 후원에 힘입어 괴테, 실러, 헤르더를 비롯한 독일의 주요 작가와 사상가들이 18~19세기 초에 바이마르에 모여들었다. 이 마을의 수준 높은 공공건물, 개인 건물, 공원은 바이마르 고전주의 시대의 뛰어난 문화 발전을 보여 준다. 바이마르는 당시 유럽의 문화 중심지였다.

국가 | 독일   위치 | 튀링겐 주   등재 연도 | 1998년

지도로 보는 유네스코 세계 문화유산 마을

바이마르는 안나 아말리아 왕비에서 시작해 괴테에 의해 완성된 마을이야. 주요 문학가, 철학자, 음악가들이 살았던 집을 중심으로 마을이 이루어져 있는데, 괴테의 집이 가장 유명하고, 작가 실러의 집이 가까운 곳에 있어. 이 외에도 헤르더의 집과 교회, 빌란트의 저택, 안나 아말리아 도서관 등이 남아 있지.

바이마르 시청
마르크트 광장 남쪽에 있는 3층짜리 건축물로 앞쪽의 발코니와 가운데에 높이 솟은 종탑이 특징이야. 바이마르의 상징적인 건물이지. 종탑 안에 설치된 35개의 종이 울릴 때면 시청의 아름다운 모습과 어우러져 바이마르를 한층 멋진 마을로 만들곤 해.

슈타트 슐로스 궁전
레지던츠 슐로스 궁전이라고 부르기도 해. 궁전 안에 있는 예배당은 아름다운 조각으로 장식되어 있고 제단 위쪽으로 파이프 오르간이 있어. 바흐가 이곳에서 파이프 오르간 연주자로 10년 동안 일했대. 성 안의 연회장과 계단 등은 독일에서 가장 아름다운 실내 건축으로 손꼽히고 있어.

빌란트 저택과 공원
안나 아밀리아 왕비가 아들의 교육을 위해 모셔 온 빌란트가 6년 동안 머물던 집이야. 괴테가 바이마르에 오면서 빌란트의 역할이 많이 줄어들었지만, 빌란트는 당시 독일 최고 작가였어. 중앙의 작은 뜰을 둘러싼 건물 네 개로 구성되어 있고, 집과 나란히 있는 정원 한가운데에 예쁜 분수가 있어.

헤르더 교회와 헤르더의 집
헤르더 광장 중앙에 위치한 교회야. 신학자이자 철학자인 헤르더가 이 교회에서 총 책임자를 맡아 일해서 헤르더 교회라고 불러. 교회 근처에 그가 살았던 집이 보존되어 있고 교회 안에 헤르더의 묘지가 있어. 원래 가톨릭 성당이었으나 종교개혁 이후 1525년에 개신교회가 되었어.

안나 아말리아 도서관
원래는 초록성이라고 불리던 궁성의 일부였어. 아우구스트 왕의 어머니 안나 아말리아 왕비가 건축가에게 도서관으로 개조해 달라고 의뢰해서 아름다운 도서관이 탄생했지. 왕실의 많은 책들이 도서관을 여는 기초가 되었어. 괴테가 이 도서관의 감독을 맡았던 덕분에 괴테의 「파우스트」 원본이 이곳에 남아 있어.

괴테의 집
괴테가 태어난 집은 프랑크푸르트에 있고, 바이마르의 집은 그가 죽을 때까지 살았던 곳이야. 바이마르의 왕이 괴테에게 선물한 저택이지. 괴테는 이곳에서 많은 문학가, 철학자들과 만났어. 그의 집에는 괴테와 대화하고 싶은 손님들의 방문이 끊이지 않았거든. 집 뒤에는 글을 쓰는 방들과 전용 도서관, 잠자는 곳이 있어. 건물 안에 넓은 정원과 마차가 다니는 길도 있을 정도로 아주 호화로운 집이야. 지금은 괴테 박물관으로 쓰고 있어.

독일의 **또 다른 마을** 나들이

독일의 정치 중심지

베를린

독일의 수도는 베를린이야. 베를린이 수도가 된 것은 1871년 프로이센이 독일을 통일하면서 부터였어. 그러나 제2차 세계대전에서 독일이 패배하면서 베를린의 운명도 달라졌어. 전쟁에서 이긴 미국, 영국, 프랑스, 소련 연합국이 베를린을 나누어서 다스리겠다고 나섰거든.

1949년에 베를린은 두 개로 갈라졌어. 미국, 영국, 프랑스가 점령하던 서베를린은 서독이 되었고, 소련이 차지하고 있던 동베를린은 동독이 되었어. 동독은 동베를린을 수도로 정했지만, 서독은 서베를린이 아닌 본을 수도로 택했어. 당시 서독은 동독을 경계하기 위해 서쪽에 있는 도시 본으로 가서 서유럽 국가들과 친하게 지내려는 의도가 있었기 때문이야.

이후 동독과 서독은 분단되어 각자의 길을 갔어. 동베를린과 서베를린 사이에는 높은 장벽을 쌓았어. 서로 오가던 기차, 전철도 모두 끊고 길도 막았지. 동베를린과 서베를린은 가장 가까운 거리에서 가장 먼 이웃이 되어 40년을 살아야 했어.

그러다가 1990년 독일이 통일되면서 베를린 장벽이 사라졌어. 베를린 장벽이 무너진 것이 독일 통일의 상징이 되었지. 독일이 통일되었다는 것은 베를린이 다시 하나가 되었다는 것을 의미해. 본에 있던 정치, 행정 기능의 일부를 옮기면서 베를린은 통일 독일의 완전한 수도가 되었어.

독일은 지역별로 많은 기능들이 나뉘어 있는, 균형 있게 발전한 국가야. 베를린이 정치의 수도라면, 경제의 수도는 프랑크푸르트, 법의 중심은 헌법재판소가 있는 카를스루에라고 할 수 있지. 통일 이후에 경제와 법 분야도 서서히 베를린으로 이동하면서 베를린의 중요성이 점점 커지고 있어.

1936년 베를린에서 열린 올림픽의 마라톤 경기에서 손기정 선수가 우승을 한 인연이 있어 우리에게도 무척 친근한 도시란다.

세상에서 가장 복잡한 9,000여 개의 미로
모로코 페스

한국에서 머나 먼 대륙 아프리카까지 오다니, 정말 반가워! 모로코의 페스까지 오는 동안 힘들지는 않았니?

페스에 와서 깜짝 놀랐다고? 아프리카를 '검은 대륙'으로 알고 있었는데, 이곳은 검은색이 아니어서 그랬지? 맞아. 아프리카 대륙에 있지만 북쪽에 있는 유럽과 아랍이랑 가까워서 이슬람교의 영향을 많이 받은 나라가 바로 모로코야.

저 사람들을 한번 볼래? 남자들이 입은 옷을 봐. 발목까지 내려오는 길이에 소매가 넓고 모자가 달려 있는 전통 복장 젤라바를 입고 있는 저 사람은 베르베르족인 것 같아. 모로코 땅에 살던 원주민들을 베르베르족이라고 하지. 모로코에는 검은 피부를 가진 사람보다 갈색 피부에 검은 머리카락을 가진 사람들이 훨씬 많아. 1,400년 전 아랍인들이 모로

젤라바를 입은 모로코 남자들

페스의 메디나 전경

코로 건너오면서 지금은 아랍인, 베르베르족이 뒤섞여 함께 살고 있어.

길을 걷다 보니 점점 사람들이 많아지지? 우리의 목적지인 페스의 메디나가 가까워지고 있다는 증거야. 메디나는 오래된 마을을 일컫는 말이란다. 창문이 없는 작고 낮은 집과 좁고 복잡한 골목이 미로처럼 얽힌 이 마을은 멀리서 보면 그 자체가 하나의 거대한 건축물이야. 그 안에 수많은 골목과 중세 시대를 옮겨온 것 같은 시장이 있고, 사람들이 떠들썩하게 부대끼며 살고 있는 공간이지. 오늘 우리가 돌아볼 페스는 모로코에서 세 번째로 큰 마을이야. 모로코에서 가장 오래된 마을이기도 하단다.

아버지의 뜻을 이은 열두 살짜리 왕

제일 먼저 어디를 데리고 가야 너희들에게 페스를 잘 보여 줄 수 있을까? 그래! 메디나 안에 있는 이슬람 사원 안달루스 모스크로 가야겠다. 가면서 이야기해 줄게.

페스는 9세기부터 20세기 초까지 모로코의 수도였어. 페스를 도시로 개발한 사람은 이드리스 1세였어. 아랍인의 후예로 이슬람교인이었던 그는 이 지역 원주민 베르베르족에게 이슬람교를 전해 주었지. 이슬람교 예언자 마호메트의 직접적인 후손이라는 점이 그에 대

안달루스 모스크

이드리스 2세 사원

한 신뢰를 높여 주었단다. 이슬람교에 대한 지식이 무척 풍부했던 이드리스 1세는 나라를 세우고 왕위에 올랐어. 많은 사람들이 그의 가르침을 따르고 존경했대. 그는 789년에 페스를 수도로 만드는 공사를 시작했어.

그러자 멀리 바그다드에 있던 이슬람교 지도자는 이드리스 1세를 경쟁자로 느끼기 시작했어. 그의 권력이 커지는 것이 두려웠던 거야. 결국 이슬람교 지도자는 이드리스 1세를 몰래 죽였어.

당시 임신 중이었던 왕비는 왕이 세상을 떠난 후 아들 이드리스 2세를 낳았어. 이드리스 2세는 네 살에 글자를 읽고 여덟 살에 코란을 암송할 만큼 영특했대. 열두 살에 통치자가 되어 아버지가 하던 공사를 이어갔고, 809년에 드디어 페스를 공식적인 수도로 삼았어.

이드리스 2세는 무척 어진 왕이었나 봐. 통치 10년쯤 후에 현재 스페인 남부 지역인 코르도바에서 이슬람교도 8,000여 명이 이주해 왔는데 그들이 편안하게 살 수 있도록 받아 주기도 했지. 이들은 페스의 메디나 안에 마을을 이루고 살았어. 코르도바인들은 안달루

페스 성곽

스 모스크를 짓고 알라신께 기도를 올렸어. 이 모스크는 스페인 출신의 이슬람교도들이 만든 사원이라 스페인 건축 양식과 무척 닮아 있는 게 특징이야.

세계 최초의 대학을 세운 사람은 여성

이번에는 안달루스 모스크와 비슷하면서도 다른 곳으로 가 보자. 거기에도 특별한 사람들이 살았던 흔적이 남아 있거든. 여러 개의 골목들을 지나야 하니까 길 잃지 않도록 조심해!

코르도바에서 온 이슬람교도들이 잘 살고 있다는 소문이 돌았던 것일까? 또 한 무리의 사람들이 페스로 이사를 왔어. 살던 곳에서 종교 때문에 수난을 겪던 사람들이 현재 아프리카 튀니지 지역인 카이로우안을 떠나 825년에 페스로 이주한 거야. 이때 온 사람들이 메디나 안에 두 번째 마을을 만들었지.

시간이 흐르면서 코르도바에서 온 사람들과 카이로우안에서 온 사람들이 한 마을을 이루게 되었어. 외부에서 침입하지 못하도록 돌 등을 쌓아 12세기에는 페스 성곽을 만들었고. 그렇게 생겨난 동네가 바로 지금의 페스 메디나란다.

그때 카이로우안에서 온 사람들 중에 파티마라는 여성이 있었어. 부유한 상인의 딸이었지. 아버지는 파티마에게 막대한 유산을 물려주고 세상을 떠났어.

"아버지가 물려주신 이 많은 돈을 어디에 쓰지? 큰 집을 사고 비싼 보석을 사는 것은 나만 좋은 거잖아. 더 많은 사람들에게 도움이 될 수 있게 돈을 쓰는 방법이 없을까?"

신앙심이 깊었던 그녀는 모스크를 건축하기로 결심했어. 한꺼번에 2만 2,000명이 모일 수 있는 거대한 예배당이었지. 파티마가 지은 카라위인 모스크는 이슬람교를 믿는 아랍인들 사이에 최고의 건축물이라고 소문이 났어. 성스러운 장소라고 생각한 이슬람교 신자들이 앞다투어 찾아왔지.

파티마의 선행은 여기에서 그치지 않았어. 카라위인 모스크 옆에 대학교도 설립했어.

정작 자신은 여성이라서 대학에 입학할 수 없었는데도 말이야. 저 건물이 859년에 파티마가 세운 카라위인 마드라사야. 세계에서 가장 오래된 대학이지. 북아프리카, 아랍, 유럽의 많은 남성들이 이 학교에 입학했어. 카라위인 마드라사에서는 코란뿐 아니라 법학, 문학, 철학, 역사학 등을 가르쳤대.

아프리카 대륙에 있던 이 대학은 바다 건너 유럽까지 영향을 미쳤어. 그 당시 중세 시대였던 유럽은 가톨릭과 관련된 종교 활동 말고는 아무 것도 할 수 없던 암흑기였어. 반면 아랍을 비롯한 이슬람 문화권에서는 과학, 수학, 문학, 철학 연구가 한창이었고.

그런데 말이야, 카라위인 마드라사에는 특별한 학생이 한 명 다니고 있었어.

"유럽은 발전이 너무 느려! 아직까지 로마 숫자를 쓰고 있어서 얼마나 불편한지 몰라. 아라비아 숫자 '384'를 로마 숫자로는 'CCCLXXXIV'라고 써야 해. 아직까지 숫자 0의 개념도 잘 몰라. 유럽 일부에서는 아라비아 숫자를 쓰지만 아직 모르는 사람이 너무 많아. 이렇게 편리한 아라비아 숫자를 내 고향 프랑스에 자세히 알려 주어야겠다."

카라위인 모스크

카라위인 마드라사

이것이 궁금해 **마드라사** 이슬람의 고등 교육 시설로 신학교와 비슷한 역할을 하는 대학교를 말해.

이 학생이 나중에 프랑스인 최초로 로마 교황에 오르는 실베스테르 2세야. 그는 이때 배운 수학 지식을 바탕으로 서양식 계산기인 주판을 만들기도 했대.

알라신의 도움 없이는 빠져나올 수 없는 골목

카라위인 마드라사의 멋진 모습을 더 잘 볼 수 있는 장소가 있는데 가 볼래? 바로 네자린 광장 옆에 있는 네자린 나무 박물관 옥상이야. 복잡한 메디나 골목을 내려다보기에 좋을 거야.

저 아래 보이는 곳이 메디나의 중심부라고 할 수 있는 네자린 광장이야. 사실 광장이라고 하면 굉장히 넓은 곳을 생각할 텐데 여기는 그렇지가 않아. 가로세로가 10미터쯤 될까? 일부러 광장을 만든 것도 아니야. 네 개의 골목이 한 곳에서 만나면서 공간이 생긴 거거든. 이 작은 광장이 메디나의 미로 같은 골목 안에서는 그나마 넓은 편에 속해.

네자린 광장과 네자린 나무 박물관

저쪽에 초록색 지붕이 이어져 있는 건물들 보이니? 저기가 카라위인 모스크와 카라위인 마드라사야. 페스에서 이슬람 유적을 찾으려면 초록색이 들어간 건물을 찾으면 돼. 이슬람교에서 초록색은 낙원과 천국을 상징하거든.

지금까지 경건한 장소들을 구경했으니 이제 페스 사람들이 실제 생활하는 모습을 보러 갈까? 진짜 페스 메디나는 여기부터라고 할 수 있어.

한 가지 묻고 싶은 것이 있어. 이 안에 골목길이 몇 개나 될 거 같아? 100개? 500개? 틀렸어! 메디나 안에 있는 골목은 9,000개가 넘어. 놀랐지? 사실 페스 메디나의 골목 수가 몇 개인지는 정확하지 않아. 이 좁은 공간에 길이 거미줄처럼 연결되어 있어 정확히 세기

전통 시장, 수크

페스의 숙소, 폰둑

가 어렵거든. 어떤 사람들은 1만 9,000개라고 말하기도 할 정도니까.

메디나 골목이 어찌나 복잡한지 페스의 건설업자나 공무원도 이 안에 들어오면 누군가에게 길을 물어서 찾아갈 수밖에 없대. 메디나에서는 골목에서 길을 가르쳐 주고 돈을 받는 '골목 전문 가이드'가 어엿한 직업이야.

우리 저 안쪽으로 들어가 보자. 10세기부터 자리를 지키고 있는 전통 시장 수크에 가야 하거든. 모로코인들은 전통 시장을 수크라고 불러.

큰 이슬람 사원이 생기고 대학이 들어서면서 페스 메디나는 점점 발전했어. 인구도 급격하게 늘었지. 자연스럽게 시장도 생겨났어. 주로 사막과 도시를 오가며 장사를 하는 상인들이 수크를 많이 이용했어.

"모코로 남쪽 사하라 사막에 사는 사람들에게 천막, 양탄자, 각종 생활용품을 가져다 팔면 큰돈을 벌 수 있을 거야!"

상인들이 페스에 왔을 때 잠을 자는 숙소인 폰둑도 늘어났어. 지금 보는 메디나의 수많은 골목들은 상업이 활발했던 그즈음에 만들어진 거야.

그때나 지금이나 시장 안에는 금과 은으로 조각한 액세서리 가게, 화려한 색깔의 카펫 가게, 진한 향신료 가게, 나무를 깎아 만든 나무 장식품 가게, 손으로 새긴 모자이크 타일 가게가 좁은 골목과 낡은 건물 사이에 얽혀 있단다.

메디나의 골목들은 폭이 어른 한두 명이 겨우 지나갈 수 있는 정도야. 1미터도 되지 않아 한 사람이 서 있기도 빠듯한 골목도 많아. 메디나의 골목이 이렇게 좁고 복잡한 이유가 무엇이냐고? 그 이유는 외부에서 적이 쳐들어오는 것을 막기 위해서야. 구불구불하고 미로 같은 길은 적이 침입했을 때 길을 잃게 만들고, 자신들이 방어하기에 유리하다고 생각했던 거지.

길이 이렇다 보니 이 안에는 도저히 차가 들어올 수 없어. 오토바이나 자전거를 이용하면 어떠냐고? 골목이 좁은 데다 가파른 계단이 많아서 그것도 힘들어. 그래서 몸집이 작은 당나귀만 짐을 싣고 이 골목을 지나다닐 수 있어. 당나귀는 1,000년 전이나 지금이나 페스 메디나에서 가장 중요한 운송 수단이야.

메디나의 운송 수단, 당나귀

지독한 냄새가 좋은 가죽을 만든다?

그런데 어디선가 퀴퀴한 냄새가 나는 것 같지 않니? 냄새가 더 심해지기 전에 얼른 이것을 코에 대고 있어. 상큼한 향기가 나는 박하 잎이야. 박하 향기를 맡으면 저 지독한 냄새가 조금 덜할 거야.

지금 우리는 메디나에서도 가장 전통적인 장소로 가는 중이야. 어디인지 궁금하지? 가죽 제품을 가공하는 공장 테너리야. 페스는 옛날부터 가죽 산업이 발달했어. 세계에서 알아주는 고급품이지. 페스에서는 가죽을 손질하는 무두질, 염색 등의 모든 과정을 1,000년 전과 똑같은 방식으로 하고 있어.

이것이 궁금해 　**무두질** 동물의 가죽에서 털이나 지방, 단백질 같은 불필요한 성분을 없애 깨끗하고 사용하기 편하게 만드는 과정을 일컫는 말이야. 동물의 가죽은 그대로 두면 썩고 단단해지기 때문에 반드시 무두질을 해야 해.

가죽을 가공하는 공장, 테너리

　가죽이랑 이 지독한 냄새가 무슨 상관이냐고? 이야기를 좀 더 들어 봐. 이 고약한 냄새는 가죽을 사용하기 좋게 가공하는 과정에서 나는 거야.

　가죽을 가공하는 재료가 무엇인지 상상할 수 있겠니? 아마 상상하기 어려울 걸? 바로 비둘기 똥, 소의 오줌, 생선 기름, 동물 지방, 유황 등이야. 가죽을 가공할 때 사용하는 재료도 1,000년 전 그대로란다. 모두 천연 재료지만 냄새가 이만저만이 아닌 것들이지.

　특히 비둘기 똥은 무척이나 소중한 재료야. 비둘기 똥을 모아 놓은 통 안에 무두질을 한 가죽을 담가 놓고 매일 한 번씩 꺼내서 한 시간 이상 손으로 주물러. 이런 작업을 1주일 이상 계속하면 가죽이 엄청나게 부드러워진다고 해. 부드러워진 가죽은 자연에서 얻은 염색 재료로 색깔을 입히고 흙벽에 걸어서 말려. 저기 있는 100여 개의 통이 색깔을 물들이기 위해 염료를 팔레트처럼 펼쳐놓은 거야. 나무껍질, 민트, 인디고, 개양귀비꽃, 사프란 같은 천연 원료들이야. 여기에서도 색이 잘 물들도록 동물의 배설물을 함께 섞어서 사용해. 그러니 이런 지독한 냄새가 나는 게 당연하지!

　염색 기술자들이 염료 통 안에 들어가 가죽을 휘젓는 것 보이지? 관광객에게 보여 주기 위해 저러는 것이 아니라 실제로 가죽을 가공하는 작업을 하는 거야. 이 염색 방식은 1,000년 넘게 이어 온 비법이라 바꿀 수가 없어. 오늘은 맑은 날씨라 그나마 나은 편이야. 바람이 불거나 습기가 많은 날, 더운 날에는 냄새가 진짜 장난이 아니라니까!

페스의 가장 전통적인 문을 프랑스 사람이 만들어 주었다고?

걸음을 서두르자. 테너리의 지독한 냄새가 없는 곳으로 빨리 도망가야겠어! 이제 마지막으로 갈 곳은 페스의 아름다운 향기가 물씬 나는 곳이니까 기대해도 좋아.

휴, 이제 냄새 안 나지? 여기는 페스를 방문하는 사람들이 반드시 사진을 찍고 가는 페스의 상징물 부즐루드 문이란다. 블루 게이트라고도 불러. 모로코 전통 양식의 이 문을 프랑스 사람들이 만들어 주었다면 믿을 수 있겠니?

모로코와 프랑스는 특별한 관계가 있어. 모로코는 외부 침입을 비교적 적게 받은 나라야. 15세기에 오스만 제국이 아랍, 유럽, 북아프리카까지 지배할 때도 모로코는 유일하게 독립 왕국을 유지했어. 그건 모로코가 북아프리카 서쪽 끝에 있는 지리적 이점 덕분이야.

메디나로 들어가는 문, 부즐루드 문

하지만 모로코의 운명을 바꾸어 놓은 사건이 페스에서 벌어졌어. 당시는 영국, 프랑스, 독일, 이탈리아, 일본이 아시아와 아프리카에 식민지를 만들기 위해 싸움을 벌일 때였는데, 1911년에 베르베르족이 모로코 왕의 명령을 거부하는 반란이 일어난 거야. 왕은 베르베르족을 진정시켜 달라며 프랑스에게 지원을 요청했지. 프랑스는 도와준다는 핑계로 들어와서 페스와 주변 지역을 차지해 버렸어. 그리고 자신들이 모로코를 계속 보호하겠다며 협약까지 맺었어.

프랑스 군대가 메디나로 들어갈 때 사용하려고 세운 문이 부즐루드 문, 다른 말로 블루 게이트야. 처음에는 프랑스 개선문을 본떠 만들었는데 모로코 사람들의 반감이 컸대. 그래서 문을 허물고 모로코 문화에 어울리는 형태로 다시 만들었어. 문에 아름답고 화려한

아라베스크 문양이 새겨진 부즐루드 문

행정과 상업 중심의 신시가지, 빌 누벨

아라베스크 문양을 새겼는데, 문 안쪽은 이슬람의 색깔인 녹색 타일로 장식하고, 바깥쪽은 페스를 상징하는 파란색으로 칠했어.

프랑스는 모로코의 정신과 학문의 중심지인 페스를 보존하기 위해 나름 노력했어. 메디나에 새로운 건축물을 짓는 것을 금지했고, 메디나 전통을 되살리는 작업을 시작했어. 대신 메디나에서 몇 킬로미터 떨어진 곳에 행정과 상업 중심의 신시가지 빌 누벨을 짓는 것으로 페스를 현대화했어. 전형적인 프랑스 스타일로 넓은 도로와 교차로가 있는 파리를 모델로 삼았지. 모로코는 45년 동안 프랑스 보호령 아래 있다가 1956년에 독립했단다.

전통을 지키는 사람들이 살아가는 현장

페스의 메디나는 아주 복잡한 미로처럼 보이지만 잘 살펴보면 무척 과학적인 구조를 이루고 있어. 주택가 작은 골목길은 상가로 연결되고, 상가는 전통 시장 수크가 있는 도로

이것이 궁금해

아라베스크 문양 이슬람 미술에서 자주 볼 수 있는 곡선의 장식 무늬를 말해. 아라베스크 문양에는 식물의 덩굴같이 둥근 모양, 복잡하게 이어지는 기하학 도형, 아라비아 문자를 무늬처럼 장식한 문양 등이 주로 쓰여. 이슬람 건축물인 모스크 장식에서 많이 볼 수 있어.

모로코 독립 프랑스가 모로코를 보호령으로 선포한 1912년부터 독립운동이 일어났어. 모로코를 다스리던 무함마드 5세 왕은 식민지가 되는 것에 반대해 지속적으로 독립운동을 이끌었어. 프랑스가 제2차 세계대전에 참여하느라 관리가 느슨해진 1943년에 모로코 독립당을 결성하고 본격적인 독립운동을 했어. 오랜 노력 끝에 모로코는 1956년 독립국가로 첫 발을 내딛었어. 무함마드 5세는 독립운동을 주도한 덕분에 독립 이후에도 왕의 자격을 유지할 수 있었고, 지금은 세상을 떠났지만 모로코에서 가장 존경받는 왕이야.

로 이어져. 이 길은 다시 메디나에서 가장 큰 대로를 향하고 있지.

더 신기한 것은 무엇인지 알아? 11~12세기에 이 작은 골목에도 각 가정까지 물을 보내는 수로망이 깔려 있었다는 사실이야. 수로는 집 앞에 있는 샘에 물을 공급했고, 가정에서는 이 물을 식수로 사용했어. 일부 수로는 테너리까지 연결해서 가죽을 씻는 공업용수를 공급하기도 했대.

페스의 메디나는 시간이 멈춰 버린 과거의 역사 유적이 아니라 이슬람 후예들이 열심히 생활하는 삶의 현장이야. 메디나 안의 사원에서는 누군가가 열심히 기도를 올리고, 수크는 공예품을 사고파는 사람들로 시끄러워. 전통 방식을 지키는 가죽 작업장, 잘 보존된 골목길과 전통 시장, 사람들이 살고 있는 전통 가옥이 어우러진 메디나는 모로코의 문화와 이슬람 정신을 알리는 살아 있는 보물이란다.

유네스코가 페스를 세계 문화유산 마을로 지정한 이유

페스는 세계에서 가장 오래된 대학이 있는 도시이다. 9,000개가 넘는 골목이 미로처럼 엮여 있고, 그 안에 모스크, 학교, 시장, 상인들의 숙소가 옛 모습 그대로 남아 있다. 1912년에 모로코의 수도가 페스에서 라바트로 이전됐지만, 여전히 페스는 모로코의 문화적, 정신적 중심지이다.

국가 | 모로코 **위치** | 페스 시 **등재 연도** | 1981년

지도로 보는 유네스코 세계 문화유산 마을

9세기에 세워진 페스는 코르도바 출신이 정착한 안달루시아 지구와 카이로우안 출신이 이주한 카라위인 지구로 나뉘어 발전했어. 두 지역을 하나로 통합하고 12세기에 성곽을 쌓으면서 오늘날의 페스 메디나가 만들어졌지. 페스는 이슬람의 문화가 잘 보존된 역사 마을 가운데 하나야.

안달루스 모스크
코르도바에서 이주한 이슬람교도들이 만든 사원이야. 페스 강 동쪽에 발달한 안달루시아 지구의 중심지에 있어. 모스크 북쪽에 있는 '불후의 문'이 특히 유명해.

페스 성곽
외부에서 종교 때문에 페스로 이주해 온 코르도바, 카이로우안 사람들이 안달루시아 지구, 카이로우안 지구 두 마을로 나뉘어 살다가, 둘 사이에 있던 담장을 허물고 한 마을로 합친 뒤 12세기에 쌓은 성벽이야. 페스의 메디나를 감싸고 있는 벽으로 성벽의 길이는 약 16킬로미터이고 문은 열여덟 개가 있어.

카라위인 모스크
859년, 카이로우안 출신의 여성 파티마 이븐 무하마드가 아버지에게서 받은 유산으로 건설했어. 모로코에서 가장 규모가 큰 이슬람 사원으로 한꺼번에 2만 2,000명이 모여 기도할 수 있어.

카라위인 마드라사
역시 파티마가 세운 세계 최초의 대학으로 코란을 비롯해 법학, 문학, 역사를 연구했어. 도서관에는 법학과 문학, 역사 등 중요한 옛날 책 3만 권을 보관하고 있어.

네자린 광장
좁은 골목뿐인 메디나에서 그나마 가장 넓은 장소야. 가로세로 10미터쯤 되는 광장에는 네자린 샘이 있어. 정교한 조각과 타일로 장식되어 있는 샘은 지금도 식수대로 쓰고 있단다.

폰둑
페스는 수도가 된 뒤 사하라, 아프리카, 지중해를 연결하는 무역의 중심지가 되면서 상공업이 발달했어. 카라반이라 불리던 여러 나라 상인들이 페스에서 머물던 여관 겸 도매상점이야.

테너리
가죽을 가공하고 염색하는 거대한 가죽 공장을 말해. 중세시대와 똑같은 방식으로 동물의 배설물을 사용해 가죽을 처리하고 있어. 눈은 즐겁지만 코는 괴로운 곳이야.

부줄루드 문(블루 게이트)
페스 메디나로 들어가는 관문이야. 바깥 면에는 페스를 상징하는 푸른색 타일, 안쪽 면에는 이슬람을 상징하는 초록색 타일로 아라베스크 문양이 장식되어 있어. 밖에서 볼 때 푸른색이어서 블루 게이트라고 부르기도 해.

모로코의 **또 다른 마을** 나들이

전통과 현대가 어우러진 도시

라바트

모로코의 수도는 라바트야. 프랑스가 모로코에 대한 보호령을 선언하고 난 뒤 1912년에 수도를 옮겼어. 프랑스가 모로코의 수도를 라바트로 옮긴 이유는 아무래도 현대식으로 통치하고 싶어서였을 거야. 1,100년 동안 모로코의 수도였던 페스에는 모로코의 역사와 전통이 너무 많이 남아 있었거든.

그 후 현재까지 라바트는 모로코 국왕과 정치인들이 살고 있는 정치와 행정의 수도가 되었단다. 라바트의 과거를 알고 싶으면 하산 탑에 가 보는 것을 추천할게.

하산 탑은 1184년에 왕이 기도하는 장소를 짓기 위해 공사를 시작했어. 하지만 왕이 죽으면서 현재까지 건설이 중단되어 있어. 한 면의 너비가 16미터인 정사각형의 탑을 44미터 높이까지 쌓았지만 아직도 미완성으로 남아 있는 거야. 하산 탑 언덕에서는 라바트 전경이 한눈에 내려다보여.

라바트의 근대 역사를 알고 싶으면 무함마드 5세 왕의 묘에 가 보면 돼. 무함마드 5세 왕은 현재 모로코의 국왕인 무함마드 6세의 할아버지야. 무함마드 5세 왕은 모로코 사람들이 '국가의 아버지'라 부르며 존경하는 인물이란다.

무함마드 5세는 1912년 이래 프랑스의 식민통치에 반대하며 독립운동에 앞장서 싸웠어. 그리고 1956년에 독립을 이루어 냈지. 독립 후 왕위에 올라서 모로코 발전에 힘썼어. 그는 1961년에 세상을 떠났는데, 이 묘는 1962년부터 7년 동안 400여 명의 장인들이 모여 만들었대.

　라바트는 12세기 고대 도시의 유적과 근대 도시의 문화가 함께 어우러져 있는 마을이야. 과거와 현재가 잘 어우어진 덕분에 2012년 유네스코 세계 문화유산으로 지정되었단다.

잉카 제국이 만들어 놓은
세상의 배꼽

페루 쿠스코

만나서 반가워. 여기는 해발 3,400미터나 되는 높은 땅이야. 이런 곳을 고산지대라고 해. 한국의 백두산보다 높은 곳에 있는 마을이지. 여기는 낮은 땅에 비해 산소가 부족해. 너희는 이곳이 처음이라 머리가 아프거나 속이 메슥거리는 고산병이 올 수 있어. 그러니 슬슬 산책하듯 걸어가자.

그럼 본격적인 쿠스코 여행을 시작해 볼까?

우선 주변을 한번 돌아볼래? 이 마을에는 현대식 빌딩이 없어. 주황색 기와지붕의 낡은 건물이 오래된 마을의 향기를 내뿜고 있지. 거대한 바위를 빈틈없이 쌓아 만든 돌벽, 납작하고 반질반질한 돌들이 깔려 있는 바닥, 웅장한 성당들…….

그래, 여기는 잉카 제국의 수도이자 '세상의 배꼽'이라고 부르는 쿠스코란다. 왜 배꼽이냐고? 그것은 잉카인에게 전해 오는 전설 때문이야.

쿠스코 전경

쿠스코의 아르마스 광장

　옛날에 태양신이 보낸 남매가 황금 지팡이를 들고 여기저기를 돌아다녔어. 남매는 평평한 땅이 있는 곳마다 황금 지팡이를 꽂아 보았지만 들어가지 않는 거야. 그러다가 쿠스코에 도착해 황금 지팡이를 꽂았더니 땅 속으로 쑥 빨려 들어가더래. 몸의 가장 가운데에 있는 배꼽처럼 땅이 꺼지면서 말이야. 태양신이 보낸 남매는 이 땅에 도시를 세웠어. 그리고 이곳을 '세상의 배꼽'이라는 뜻의 쿠스코라고 불렀어.

　지금 우리가 서 있는 곳이 그때 황금 지팡이가 쑥 들어갔던 자리야. 바로 쿠스코의 한가운데, 아르마스 광장이지. 쿠스코뿐 아니라 스페인이 다스린 나라에는 대부분 아르마스라는 이름의 광장이 있어. 스페인은 자신들이 차지한 식민지에 유럽에서 가져온 제도를 똑같이 적용하려고 했대. 그래서 정복하는 나라마다 가장 중심이 되는 곳에 광장을 만들고 똑같은 이름을 붙였대.

　쿠스코는 잉카 제국의 종교, 정치, 행정의 중심지가 되었어. 하지만 지금 보고 있는 아르마스 광장은 잉카 제국 때 모습은 아니야. 16세기에 스페인이 잉카 제국을 침략하면서 광장도 달라졌거든. 스페인은 잉카의 위대한 문화유산을 없애고 그 자리에 스페인 문화를 덧씌우려고 했어. 지금은 잉카 제국의 모습보다는 스페인의 흔적을 더 많이 찾을 수 있을

이것이 궁금해

잉카 잉카는 원래 나라 이름이 아니라 왕을 가리키던 말이야. '태양의 아들'이라는 뜻이지.
식민지 다른 나라의 지배를 받아 한 나라로서의 힘을 잃어버린 나라를 말해.

103

거야. 저기 보이는 성당은 스페인의 성당을 그대로 옮겨 놓은 것 같지? 광장 가운데에 있는 저 분수에 서 있는 사람은 잉카의 왕이야. 물론 스페인이 떠난 후에 잉카의 정신을 기억하기 위해 세운 거지만. 좀 더 가까이 가서 저 왕이 누구인지 설명해 줄게.

황금 지팡이가 빠져 들어갔던 땅에 꽃피운 농사 기술

아르마스 광장 분수대에 우뚝 서 있는 왕은 9대 잉카 파차쿠텍이야. 15세기에 안데스 산맥 주변에 흩어져 있던 여러 부족들을 통일한 왕이야. 그가 이룩한 잉카 제국은 페루는 물론 지금의 콜롬비아에서 에콰도르, 볼리비아, 칠레, 아르헨티나 일부를 아우르는 거대한 땅이었어.

파차쿠텍 왕은 지금의 아르마스 광장 주변에 궁전을 짓고, 태양신을 섬기는 신전들을 모아 놓았어. 그리고 쿠스코 중심가에서 조금 떨어진 곳에 농사지을 수 있는 땅을 개발했지. 쿠스코가 잉카 제국의 수도로 부족함이 없도록 도시 전체를 새롭게 건설한 거야.

잉카 제국을 거미줄처럼 잇는 길도 만들었어. 이 길은 나라를 편리하게 다스리기 위해 닦은 거지. 길이 좋으면 사람들이 쉽게 오갈 수 있고, 물건을 이동할 때 편하잖아. 이웃 나라와 전쟁이 나면 병사나 무기를 옮길 때 도움이 되었겠지?

파차쿠텍 왕

해안도로와 산악도로를 중심에 두고 좁은 길들을 연결하여 잉카 제국 전체가 이어지도록 했어. 잉카 제국의 길은 전체 길이가 약 4만 킬로미터에 이르는 엄청난 도로망이었어.

이 길에는 아주 특별한 직업을 가진 사람들이 있었어. 왕의 명령이나 물건을 전달하던 '차스키'라는 사람들이야. 잉카의 길을 따라 수십 명이 이어달리기를 해서 왕의 심부름을 하는 직업이었지. 차스키를 이용하면 걸어서 1주일 정도 걸릴 거리를 하루 만에 도착할 수 있었대. 아침에 페루 해안가에서 잡은 물고기를 쿠스코에 있는 왕의 저녁 식탁에 올릴 수

잉카 제국의 산길

있을 정도였다니까 잉카 제국의 도로가 얼마나 잘 뚫려 있었는지 알겠지?

그런데 궁금하지 않니? 잉카인은 왜 평지를 놔두고 산소도 부족한 높은 산에 있는 쿠스코를 수도로 정했을까? 그 이유는 농사 때문이야. 쿠스코가 있는 안데스 산맥을 중심으로 왼쪽 해안가 지역은 1년 내내 비가 오지 않는 사막이야. 오른쪽은 아마존 밀림이라 나무가 많아서 농사를 지을 수가 없었고. 쿠스코 주변은 높기는 하지만 중간에 넓은 평지가 있었어. 날씨도 선선하고 비가 알맞게 내려 농사짓기 좋았지.

하지만 평지가 곳곳에 있어도 높은 산이라서 가파른 산비탈이 더 많았어. 농사짓기 어려운 메마른 땅도 있었고. 그래서 잉카인은 산을 고르게 다져서 계단식 밭을 만들었어. 강의 흐름을 바꾸어 땅에 물을 대기도 했지. 때로는 바위에 구멍을 뚫어 물길이 지나가도록 했어. 잉카인의 수준 높은 기술 덕분에 농사지을 수 있는 땅은 점점 넓어지고 수확이 많아졌어. 잉카인은 옥수수와 감자 농사를 지으며 풍요롭게 살았어.

잉카 제국에 없었던 것 세 가지

아툰 루미요크 거리

이쪽으로 와 볼래? 돌벽과 아기자기한 기념품 가게들이 있는 거리로 안내할게. 이 길이 아툰 루미요크 거리란다. 이 골목에 들어서니 마치 잉카 시대로 빠져드는 것 같지 않니? 여기에 잉카인의 특별한 기술을

쿠스코 종교예술 박물관 내부

보여 주는 곳이 또 하나 있어.

자 여기야! 이 자리에는 원래 잉카 제국의 왕이 사용하던 궁전이 있었대. 나중에 스페인 사람들이 궁전을 허물고 돌 받침만 남긴 채 그 위에 가톨릭 대교구청 건물을 지었고, 지금은 쿠스코의 종교예술 박물관으로 쓰고 있어. 여기는 건물보다 돌로 만든 벽이 더 유명해.

이 돌벽에서 가장 특이한 돌을 하나 찾아볼래? 방금 지나쳐 온 것들 중에 있는데, 못 찾겠니? 여기 있잖아. 잘 봐. 이 돌에는 모두 열두 개의 각이 있어. 그래서 12각 돌이라고 불러. 옆에 있는 다른 바위들과 빈틈없이 꽉 맞물리도록 큰 바위를 12각으로 다듬은 거야. 이 거대한 12각 돌은 종이 한 장 들어갈 수 없을 정도로 딱 붙어 있어. 이 돌을 쌓는데 잉카인들은 어떠한 접착제도 사용하지 않았어. 밖에 보이는 곳뿐만 아니라 안쪽에도 퍼즐처럼 정확하게 각이 맞아 있대.

어떻게 돌을 이렇게 정교하게 다듬을 수 있었는지 현대인들은 그 비밀을 풀지 못 했어. 우리가 잉카인의 돌 다듬는 기술에 놀라

쿠스코 종교예술 박물관 돌벽의 12각 돌

는 이유는 그 당시 잉카 제국에는 두 가지가 없었기 때문이야.

이 돌벽을 만들 당시 잉카인들에게는 철로 만든 도구가 없었어. 기껏해야 돌망치, 청동 끌, 동으로 만든 손도끼 정도의 단순한 도구로 이 거대하고 단단한 돌을 다듬은 거야. 도끼나 칼도 없으면서 어떻게 이렇게 돌을 두부 자르듯 잘라 냈는지 정말 신기하다니까!

더 놀라운 것은 무엇인 줄 알아? 그 당시 잉카 제국에는 바퀴가 없었다는 거야. 당연히 수레도 없고 도르래도 없었지. 작은 바위는 수 톤, 큰 바위는 수십 톤인데 이 돌을 바퀴도 없이 어떻게 운반했는지 모르겠어. 이 12각 돌만 해도 무게가 30톤쯤 된다는데 15~35킬로미터 떨어진 채석장에서 가져와서 여기에 쌓은 거야. 이 무거운 걸 수레도 없이 움직였다니, 정말 잉카인들 대단해!

참, 잉카 제국에 또 하나 없는 것이 있었어. 잉카인에게는 언어는 있었는데 문자가 없었어. 그래서 잉카에 대한 기록이 많지 않아. 잉카인의 역사와 기술은 아직도 비밀에 묻혀 있는 것들이 많단다.

황금의 땅 엘도라도를 찾아 나선 피사로

잉카 제국의 비밀을 더 알고 싶다고? 아쉽게도 잉카 제국의 신비는 여기까지야. 뛰어난 기술과 아름다운 문화를 가진 잉카 제국의 역사는 스페인이 등장하면서 달라지기 시작했거든. 무슨 이야기냐고? 저기 쿠스코 대성당에 가 보면 그 이유를 알게 될 거야.

가까이서 보니까 더 예쁘지? 이 성당은 스페인 사람들이 지은 거야. 스페인에서 유행하던 바로크 양식으로 지었어. 도대체 스페인 사람들이 왜 잉카 제국에 와서 스페인식 성당을 지은 것일까? 스페인 이야기를 조금 더 해 줄게.

이것이 궁금해   **끌** 망치로 한쪽 끝을 때려서 나무에 구멍을 뚫거나 겉면을 깎고 다듬는 데 쓰는 연장이야.

쿠스코 대성당

1492년에 콜럼버스가 아메리카 대륙을 발견한 건 알지? 그 이후 스페인에는 황금 열풍이 불었어. 배를 타고 남쪽으로 가면 황금이 번쩍이는 땅 엘도라도가 있다는 소문이 돌았던 거야.

그 중에는 피사로라는 사람이 있었어. 그도 엘도라도를 찾아 떠났지. 오랜 항해 끝에 지금의 에콰도르 근처에 있는 작은 마을에 내리게 되었어. 피사로는 쿠스코는 물론 페루 남부 해안까지 샅샅이 살펴보았어.

'잉카 제국은 태양신을 믿고, 다양한 종족들로 이루어진 나라구나. 아주 거대한 영토를 지닌 부유한 제국이야. 이 나라가 내게는 엘도라도군!'

피사로는 일단 스페인으로 돌아갔어. 그리고 1532년에 잉카 제국 정복을 준비해서 다시 왔어. 168명의 부하들과 함께였지.

피사로

"이 방을 가득 채울 만큼의 황금을 주겠소"

잉카 제국으로 다시 돌아온 피사로는 어찌 되었냐고? 잉카 제국의 13대 왕 아타우알파를 만났지. 피사로는 함께 데리고 온 신부를 왕 앞으로 나가게 했어. 신부는 성경을 보여 주며 말했지.

"우리는 잉카 제국에 가톨릭을 전하러 왔습니다. 하느님은 세상에서 유일한 신입니다."

신부의 이야기를 듣고 있던 아타우알파 왕이 "그런 내용이 어디에 있습니까?"라고 물었어. 신부는 성경을 가리키며 "여기에 다 들어 있습니다."라고 대답했어. 그러자 잉카의 왕

아타우알파 왕

은 귀를 성경책 가까이에 댔어. 그런데 성경에서 아무 소리도 들리지 않는 거야. 아까 잉카 제국에 문자가 없었다고 한 말 기억하지? 문자가 없으니까 당연히 종이에 글자를 써서 만든 책에 대한 개념도 없었어. 아타우알파 왕은 책에서 신의 말이 실제 음성으로 들려야 한다고 생각했던 거야.

화가 난 왕은 성경을 내동댕이쳐 버렸어. 그때 이들의 대화를 옆에서 지켜보고 있던 피사로는 병사들에게 명령했어.

"저 악마가 하느님의 말씀인 성경을 땅에 던져 버렸다. 저들의 목을 쳐라!"

스페인 군대는 무장하지 않은 잉카인과 군인을 무참하게 죽였어. 그리고 왕을 인질로 잡았지. 붙잡힌 아타우알파 왕은 피사로에게 제안을 했어.

"당신들은 황금을 찾아 잉카에 온 것이 아니요? 나를 풀어 주면 우리가 있는 방을 가득 채울 수 있을 만큼의 황금을 주겠소."

잉카인들은 왕이 풀려나기를 바라며 황금을 메고 와서 방을 채우기 시작했어. 피사로는 엄청난 황금을 차지하고 큰 부자가 되었지. 하지만 피사로는 황금을 주면 살려 주겠다는 약속을 어기고 아타우알파 왕을 처형해 버렸어. 그렇게 잉카 제국은 역사 속으로 사라졌단다.

그 후 피사로가 이끄는 스페인 군대는 잉카를 마음대로 짓밟기 시작했어. 잉카인의 신전을 없애 버리고 가톨릭을 전파한다며 그 자리에 성당을 짓기 시작했지.

아르마스 광장에 우뚝 서 있는 쿠스코 대성당도 잉카의 창조신인 비라코차를 모시는 신전을 허물고 1560년에 지은 거야. 스페인 사람들은 잉카인들을 시켜 가톨릭 성당을 짓게 했어. 태양신을 믿던 잉카인들은 눈물을 참으며 정복자들이 시키는 대로 하느님을

잉카 제국 아타우알파 왕의 장례식

라 콤파니아 데 헤수스 성당   산타 카탈리나 수도원

위한 성당을 짓는 일에 참여할 수밖에 없었단다.

쿠스코 대성당과 마주 보고 있는 라 콤파니아 데 헤수스 성당도 마찬가지야. 아르마스 광장에서 조금 떨어진 곳에 있는 산타 카탈리나 수도원은 또 어떻고. 태양신에게 제사를 지내기 위해 선발된 잉카 여성들이 모여 있던 집을 허물고 스페인식 건물을 지은 거란다.

태양의 땀으로 만든 신전

스페인 사람들에게 짓밟힌 잉카인의 고통과 슬픔을 생각하니 너무 마음이 아프지 않니? 그보다 더한 일도 있었어. 그 현장을 확인하려면 아르마스 광장에서 남쪽으로 걸어야 해. 산토도밍고 성당에 갈 계획이거든.

산토도밍고 성당이 있는 여기는 원래 코리칸차 신전이 있던 자리야. 태양신을 모시는 신전으로, 잉카인이 가장 신성한 곳으로 여기던 장소였어. 코리칸차 신전이 얼마나 화려하고 아름다웠는지 지금부터 설명해 줄게. 놀라지 마!

코리칸차 신전 바깥쪽 벽에는 폭 20센티미터 정도의 금띠가 둘러져 있었대. 문과 지붕은 2킬로그램짜리 금벽돌 700장으로 만들어졌고, 안뜰에는 금으로 만

산토도밍고 성당

든 옥수수나무와 금으로 감싼 주춧돌이 있었지. 신전 안에 있는 태양의 제단 역시 전부 금으로 만들었고.

잉카 제국에는 유독 황금으로 만든 유물이 많았어. 태양신을 섬기는 잉카인은 금을 '태양의 땀'이라 여겼거든. 그래서 태양신을 섬기는 마음으로 중요한 곳을 금으로 장식했던 거야. 잉카의 수도인 쿠스코는 '황금의 도시'라고 불릴 정도로 금으로 장식한 건물이나 유물이 많았어.

태양빛을 받아 빛나는 황금 신전을 보고 스페인 침략자들은 어떤 생각을 했을까? 욕심이 활활 불타올랐겠지? 그들은 코리칸차 신전에 있던 금을 전부 뜯어 갔어. 신전의 돌 받침만 남기고 건물 전체를 가져가 버

산토도밍고 성당 내부

린 셈이야. 그리고 남겨진 돌 받침 위에 산토도밍고 성당을 지어 올렸어. 금을 가져가고 태양신을 모욕한 것으로도 모자라 가톨릭을 믿으라고 강요하기 위해서 말이야.

스페인의 침략으로 빛을 잃은 황금 도시

그런데 말이야, 참 아쉬운 것이 있어. 그때 스페인 사람들이 황금을 뺏어 갈 때, 잉카 제국의 유물을 전부 녹여서 네모난 막대기로 만들어 가져갔대. 만약 그때 잉카 제국의 유물을 원래대로 가져갔더라면 지금 우리는 잉카 제국의 흔적이라도 볼 수 있었을 텐데…….

그런데 지금 몇 시지? 아이고, 벌써 시간이 이렇게 됐네! 마지막으로 쿠스코를 한눈에 내려다볼 수 있는 곳으로 가야 해. 10분만 걸으면 되니까 힘내!

언덕에 오르느라 힘들었지? 여기는 산 크리스토발 성당 언덕이야. 저 아래 쿠스코를 좀 봐. 정말 아름답지?

스페인이 침략한 이후 황금의 도시 쿠스코도 빛을 잃어 갔단다. 피사로가 잉카 제국의 수도였던 쿠스코를 떠나 해안가 마을 리마를 새로운 수도로 정한 이후 정치, 경제의 기능이 전부 옮겨 갔기 때문이야.

잉카인들의 삶은 점점 힘들어졌어. 스페인은 잉카에서 나오는 금이나 은을 남김없이 가져갔어. 산에 구멍이 뻥뻥 뚫릴 때까지 파고 또 팠단다. 이 힘든 일을 잉카인들에게 시키면서 돈 한 푼 주지 않았지. 잉카인들 중에는 잠시도 쉬지 못하고 일을 하다가 죽는 사람들이 많았어. 바위 틈새가 너무 좁아 어른이 들어갈 수 없는 곳은 어린이를 데려다가 일을 시키기도 했대.

1779년, 스페인은 영국과 전쟁할 돈을 마련하려고 잉카인들을 더 심하게 괴롭혔어. 이를 참다못한 왕족의 후예 투팍 아마루 2세가 그를 따르는 잉카인 8만 명을 이끌고 스페인 국왕에게 대항했어.

"스페인은 잉카인들에게 요구하고 있는 무리한 노동을 중단하라! 스페인은 물러가라. 우리는 다시 위대한 잉카 제국을 건설할 것이다!"

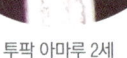

투팍 아마루 2세

아마루 2세를 따르는 잉카인들이 점점 늘어났어. 스페인 국왕과 백인들은 그를 그냥 두어서는 안 되겠다고 생각했어. 아마루 2세와 잉카인들은 용맹하게 싸웠지만 스페인의 총과 칼을 당해 낼 수는 없었지. 아마루 2세는 스페인 군대에 붙잡혀 무시무시한 죽임을 당했어. 스페인 군대는 아마루 2세의 아내, 아들, 친구, 12촌 이내의 친척들까지 전부 죽였어.

이후 잉카인들은 300년 동안 스페인의 지배를 받다가 1824년이 되어서야 스페인으로부터 독립할 수 있었지. 그 사이 잉카 제국의 전통은 조금씩 사라지고 그 틈을 스페인 문화가 채우게 되었어. 오늘날 페루 사람들은 스페인어를 사용하고, 인구의 80퍼센트 이상이 가톨릭을 믿고 있어.

산 크리스토발 성당과 언덕

쿠스코는 위대한 잉카 제국을 되찾는 공사 중

잉카 제국은 역사 속으로 사라졌지만 영원히 없어진 것은 아니야. 페루 사람들은 잉카 제국의 후예라는 자부심이 대단하거든. 잉카인들은 자신의 문화를 지키기 위해 노력하고 있어. 스페인의 통치를 받을 때도 학교에서는 스페인어를 쓰더라도 집에서는 잉카어를 쓰면서 전통을 잊지 않으려고 노력했대. 스페인 출신 백인과 잉카 원주민이 결혼하는 경우도 많았는데, 그 사이에서 태어난 아이들에게도 잉카 제국의 후예라는 의식을 심어 주었어.

가톨릭도 그냥 받아들이지 않았어. 스페인의 영향으로 가톨릭을 믿기 시작했지만, 예수님의 얼굴을 원주민처럼 까맣게 하거나 성모마리아의 얼굴을 잉카인과 닮도록 바꾸기도 했지. 그 결과 잉카 제국의 전통과 스페인의 문화가 어우러진 독특한 마을, 쿠스코가 탄생한 거란다.

요즘 쿠스코에서는 태양신을 모시던 코리칸차 신전을 옛 모습으로 복원하는 공사가 한창이야. 태양의 신전이 완성되면 잉카인의 자부심은 더욱 커질 거야. 그때 다시 한번 쿠스코에 와 줄래?

유네스코가 쿠스코를 세계 문화유산 마을로 지정한 이유

페루의 안데스 산맥에 있는 쿠스코는 파차쿠텍 왕이 건설한 잉카 제국의 수도이다. 쿠스코 중심부에는 종교, 정치, 행정 건축물이 있었고, 외곽에는 농업, 수공업, 공업 구역이 있었다. 16세기, 스페인이 이곳을 정복한 후 잉카의 도시 위에 스페인 문화를 담은 교회를 건설했다.

국가 | 페루　위치 | 쿠스코 시　등재 연도 | 1983년

지도로 보는 유네스코 세계 문화유산 마을

잉카 제국의 수도였던 쿠스코는 황금으로 장식된 신전, 돌을 종이 한 장 들어갈 틈 없이 완벽하게 쌓아 만든 건물이 가득한 마을이었어. 스페인의 침략으로 많은 보물이 사라졌지만 여전히 잉카인의 뛰어난 기술과 문화를 느낄 수 있어. 지금은 잉카 제국의 전통과 스페인의 문화가 합쳐져 아주 독특한 문화를 꽃피우고 있는 마을이란다.

아르마스 광장
잉카 시대부터 있었던 중심 광장이야. 이 광장을 중심으로 잉카 제국의 궁전과 신전이 있었는데 스페인 침략 이후 다 사라졌어. 대신 그 자리에 스페인식 성당이 들어섰지.

쿠스코 대성당
1560년에 비라코차 신전을 허물고 세운 성당이야. 중간에 성당을 짓는 돈이 부족할 때도 있었고 지진이 난 적도 있어서 완성까지 100년이나 걸렸어. 이 안에는 원주민의 피부색을 닮은 검은 얼굴의 예수상이 있어. 가톨릭을 받아들이면서도 잉카 제국의 문화를 지키려고 노력한 잉카인의 흔적이야.

아툰 루미요크 거리
잉카 시대의 돌 쌓는 기술을 볼 수 있는 작은 골목이야. 잉카의 신전이나 건물을 허문 돌을 가져다가 이 거리에 돌벽을 쌓고 건물을 지었대. 특히 열두 개의 면으로 깎아 완벽하게 끼워 맞춘 12각 돌이 유명해.

종교예술 박물관
12각 돌이 있는 벽이 받침이 되어 준 이 건물은 원래 잉카 제국의 6대 왕 로카의 궁전이었어. 스페인 사람들이 궁전을 무너뜨리고 가톨릭 대교구청 건물을 지었어. 지금은 종교예술 박물관으로 쓰고 있어.

산토도밍고 성당
태양신을 모신 코리칸차 신전을 허물고 그 위에 스페인 사람들이 성당을 지은 거야. 다행히 네모로 반듯하게 자른 잉카 시대의 돌벽이 아직 남아 있어. 1650년과 1950년에 쿠스코에 큰 지진이 일어났었어. 그때 스페인이 지은 성당 건물은 전부 무너졌는데, 잉카 제국의 신전 돌벽은 꿈쩍도 하지 않았대. 잉카 제국의 건축 기술이 얼마나 뛰어난지 알 수 있겠지?

코리칸차 고고학 박물관
산토도밍고 성당 안에 있는 박물관이야. 잉카 제국 당시의 유적과 유물을 볼 수 있단다. 태양신에게 제사를 지냈던 방, 왕의 미라가 있었던 방, 천체관측소로 쓰였던 방 등 여러 개의 방이 남아 있어.

사크사이와만
쿠스코 시내에서 조금 떨어진 곳에 있는 잉카 시대 유적지야. 이곳에 가면 쿠스코 시내를 한눈에 내려다볼 수 있어. 사크사이와만은 거대하고 매끄러운 돌을 완벽하게 짜 맞추어 놓은 성벽이야. 이곳이 어떤 용도였는지는 확실하지 않아. 신에게 제사를 지내는 장소이거나 적의 공격에 대비하는 요새였을 것이라고 추측하고 있단다.

페루의 **또 다른 마을** 나들이

왕들의 도시

리마

페루의 수도 리마는 서부 해안가에 있는 마을이야. 멀리 안데스 산맥과 태평양이 보이는 곳이지. 리마는 잉카 시대까지는 잘 알려지지 않은 작은 바닷가 마을이었어. 잉카 제국을 정복한 피사로가 수도를 이곳으로 옮기면서 페루 역사의 중심에 서게 되었어.

피사로는 산 중턱에 있어 올라가기 힘들고 산소도 부족한 쿠스코보다 낮은 땅으로 가는 게 낫겠다고 생각했어. 사실 리마로 수도를 옮긴 더 중요한 이유가 있단다. 잉카에서 뺏은 물건을 스페인으로 실어 나르려면 산골짜기 쿠스코보다는 배를 대기 쉬운 항구 리마가 훨씬 편리했거든.

리마는 스페인을 본떠 도시를 건설했어. 아르마스 광장을 중심에 두고 주변에 주요 건물들이 모여 있지. 광장 북쪽에 대통령이 사는 집이 있고, 그 옆에 대성당이 있어. 리마의 대성당은 피사로가 직접 공사를 진행했어. 페루에서 가장 오래된 가톨릭 성당이야. 이 성당 안에는 피사로의 무덤이 있어.

리마는 곳곳에 스페인 식민지 시절의 옛 성당, 궁전 등이 많이 남아 있어. 여기도 쿠스코처럼 유네스코가 정한 세계 문화유산 마을이야.

리마가 사막 지역이라는 것은 알고 있지? 바닷가에 있지만 비가 잘 내리지 않아서 물이 귀한 곳이야. 하지만 걱정하지 않아도 돼. 리막 강과 지하수로 부족한 물을 조달하거든. 그 덕분에 사막이라는 것을 눈치 채지 못할 만큼 나무와 꽃들이 많은 푸른 도시를 유지하고 있지.

지금 리마는 페루 인구의 3분의 1인 800만 명이 살고 있어. 페루 경제 활동의 70퍼센트 이상이 이루어지고 있는 상업의 중심지란다.

세계 여러 나라를 한꺼번에 만나는 바닷가 길목
베트남 호이안

신 짜오! 베트남어로 '안녕'이란 인사야. 호이안에서 만나게 되어 반가워. 차에서 내리자마자 더운 날씨가 확 느껴졌지? 베트남은 1년 내내 더운 날씨가 계속되는 나라야.

여기는 호이안의 중심가 쩐푸 거리야. 이 길을 중심으로 800여 채의 집이 옛 모습 그대로 남아 있어.

어머! 저기 사람들 줄 서 있는 가게 보여? 저기가 호이안에서 '까오러우'라는 쌀국수로 가장 유명한 식당이야. 굵은 쌀국수에 돼지고기, 숙주, 쌀 과자 튀김을 얹어 먹는 비빔국수라고 생각하면 돼. 고소하고 달콤한 까오러우를 생각하니 벌써 입안에 침이 고인다.

까오러우 쌀국수

옛 모습이 남아 있는 바닷가 마을, 호이안

호이안의 중심가, 쩐푸 거리

　한국에도 베트남 쌀국수가 있지? 주로 얇고 투명한 것을 보았을 거야. 까오러우는 보통 쌀국수와 달리 면발이 굵고 쫄깃한 것이 특징이야. 일본 사람들이 즐겨 먹는 우동처럼 말이야. 이건 일본 문화의 영향이 아직까지 호이안에 남아 있다는 증거야. 한때 호이안에는 엄청나게 많은 일본 사람들이 살았거든.

　외국 사람들이 많이 살았다는 흔적은 또 있어. 우리가 서 있는 이 거리에 있는 건물들은 대부분 중국인들이 세운 거야. 유럽의 포르투갈, 네덜란드, 영국, 프랑스 사람들도 호이안에 드나들었어.

　세계의 많은 나라 사람들이 왜 이 작은 마을에 왔는지 궁금하지 않니? 좋아, 그 이유를 지금부터 설명해 줄게. 아시아에 있는 작은 항구 호이안에 남아 있는 세계인의 흔적을 찾아 떠나 볼까?

남풍이 불기를 기다리며 지은 집

　세계 지도를 보면 베트남은 동남아시아 대륙의 동쪽 끝에 있는 S자형으로 긴 나라야. 북쪽으로는 중국, 서쪽으로는 라오스, 캄보디아와 국경을 맞대고 있어. 지도에서 더 동쪽

1792년의 호이안

호이안의 옛집

으로 가 보면 작은 바닷가 마을 호이안이 있지.

호이안을 가로지르는 투본 강 수변의 건물들은 페인트가 벗겨지고 때가 묻었어. 타임머신을 타고 200년 전 과거로 돌아간 것 같은 느낌이 들 정도란다. 그 건물들은 전 세계에서 온 무역상이 살던 집이나 가게였어. 호이안은 15~19세기 아시아 최대의 무역항이었거든.

호이안은 바다 실크로드의 한 지점이었어. 중국에서 동남아시아나 인도로 가는 배들은 베트남 해안을 지나야 했지. 배를 타고 온 사람들이 중간에 쉬기도 하고 물건을 사고팔기도 하는 해상 무역 중심지가 필요했는데, 배가 지나는 길목에 있던 호이안이 그런 역할을 했단다. 15세기부터 일본, 중국, 인도, 포르투갈, 네덜란드, 스페인의 배들이 모여들기 시작했고 주로 비단, 도자기, 차, 향신료, 상아, 종이 등을 사고팔았지.

일본이나 중국의 상인들은 봄에 남쪽으로 배를 타고 와서 물건을 사고판 뒤, 여름까지 기다렸다가 돌아갔어. 남풍이 부는 여름에 출발하면 배가 바람을 타서 바다를 쉽게 건널 수 있었거든.

이것이 궁금해

바다 실크로드 중국 남부에서 시작되어 지중해와 아프리카 동부 연안까지 연결된 바닷길을 이르는 말이야. 이 길을 통해 동남아시아의 향신료가 유럽에 전해져 비싸게 팔렸어. 8세기 이후에는 아라비아 상인들이 바다 실크로드를 통해 중국은 물론 우리나라에도 들어왔어.

"남풍이 불려면 서너 달을 기다려야 하니 해안가에 집을 지어야겠어. 중국으로 가져 갈 물건을 보관할 큰 창고도 같이 있는 게 좋겠지? 아예 2층짜리 건물을 지어 집과 가게를 겸해서 사용하는 것은 어떨까?"

외국 상인들이 많아지고 머무는 시간이 길어지면서 호이안에 집을 짓는 사람들도 늘어나기 시작했어. 자연스럽게 일본인들, 중국인들끼리 모여 사는 마을도 생겨났지.

일본인 마을과 중국인 마을을 사이좋게 이어 주는 다리

이쪽으로 와 봐! 그때 일본인들이 만들어 놓은 다리가 이쪽에 있어. 다리라고 해서 엄청나게 큰 다리를 상상하는 것은 아니겠지? 나중에 '멀리서 온 방문객을 위한 다리'라는 뜻의 내원교(來遠橋)로 이름이 바뀐 일본교는 길이가 18미터 정도 되는 작은 다리야. 안으로 들어가 볼까?

다리 위에 지붕이 있는 것이 무척 특이하지? 지붕이 있어서 안에 들어오면 다리가 아니라 마치 집 안에 들어와 있는 느낌이 들어. 이 지붕이 비나 햇빛을 막아 주어 무척 아늑하거든. 일본인들은 다리를 아주 튼튼하게 지었어. 수백 년이 지났지만 처음 지었을 때의 형태가 아직도 남아 있어.

일본인 마을과 중국인 마을을 잇는 일본교

호이안에 가장 먼저 자리를 잡은 사람들은 일본 상인이었어. 그들이 일본교를 건설한 게 1593년 즈음이었어. 그때는 무역이 활발해서 호이안에 일본인이 1,000여 명이나 살았대. 일본교를 사이에 두고 한쪽에는 일본인 마을이, 반대쪽에는 중국인 마을이 있었는데 이 다리는 일본인 마을과 중국인 마을을 잇는 중요한 역할을 했단다.

일본교 내부

일본교는 호이안에 있지만 일본식을 따랐어. 화려한 장식을 좋아하는 중국이나 베트남과 달리 아주 단정하고 우아한 일본식으로 디자인되어 있거든. 다리 양쪽 입구를 한쪽은 원숭이, 다른 쪽은 개가 지키고 있는 것도 일본과 관련이 있어. 일본 천황 중 원숭이띠와 개띠가 많기 때문에 이 동물들을 섬기기 위해 동상을 세워 놓은 거래. 물론 이 다리를 원숭이의 해에 짓기 시작해 개의 해에 마쳤기 때문이라고 말하는 이들도 있기는 해.

하지만 지금 호이안에 일본인의 흔적이 많이 남아 있지는 않아. 1630년, 일본이 다른 나라와 교류나 무역을 금지하는 쇄국정책을 발표하면서 많은 상인들은 일본으로 돌아가야 했기 때문이야.

중국을 떠나도 고향이 그리워!

그럼 이번에는 다리 건너 중국인 마을로 가 볼까? 일본교에서 나와 바로 앞에 중국식 건물들이 늘어서 있는 것 보이지? 갑자기 일본에서 중국으로 날아온 느낌이 들지 않니? 저 앞에 있는 건물이 중국 광둥 성 출신들이 모이던 광둥회관(광조회관)이야.

일본인이 떠난 자리를 채운 것은 중국인이야. 중

광둥회관

국은 일본과 정반대의 결정을 했어. 중국은 14세기부터 외국과 교역하거나 해외로 배가 가는 것을 금지하는 해금정책을 실시하고 있었지만, 1567년에 이 제도를 없애고 자유로운 바다 무역을 허락한 거야. 그때부터 중국인들은 해외로 나가기 시작했지.

1644년, 중국 명나라가 망하면서 많은 중국인들이 남쪽으로 이주했어. 호이안에도 수많은 중국인들이 들어왔어. 호이안은 남부 베트남에서 화교가 가장 먼저 정착한 곳이야.

중국인들은 당시 베트남 상황을 잘 이용했어. 그때 베트남은 남과 북으로 갈라져 있었는데, 서로 교류를 끊고 사람들이 오갈 수 없는 상태였지. 중국인들은 그 틈을 타 베트남 남북 간 교역을 해서 이익을 얻었어. 그뿐만이 아니야. 중국과 일본이 직접적인 무역 관계가 이루어지지 않은 것을 이용해 두 나라를 잇는 중계 무역으로 큰 돈을 벌기도 했어.

원래부터 장사를 잘 하기로 유명한 중국인들은 무역과 상업으로 돈을 많이 벌었고, 호이안 중심가에 땅을 샀어. 그리고 자신들이 살 집과 가게는 물론 경건한 사당까지 만들었지.

"특별히 관운장을 모신 사당을 지어 바칩니다. 우리 중국인들은 관우님이 돈을 가져다준다고 믿고 있습니다. 그러니 앞으로도 우리가 돈을 많이 벌도록 도와주십시오."

관운장 사당

「삼국지」라는 책 알고 있지? 거기에 나오는 관우를 높여 부르는 말이 관운장이야. 호이안에 모인 중국인들은 고향 사람들끼리 모이는 향우회관을 만들기도 했어.

"우리가 중국을 떠나 베트남에 살고 있지만 중화사상을 잊으면 안 되지. 푸젠 출신 사람들은 푸젠회관(복건회관)을 지었고, 광둥 사람들도 광둥회관을 지었어. 고향 사람들끼

이것이 궁금해

화교 해외에 살며 경제 활동을 하는 중국인들과 자손들을 칭해. 전 세계에 약 1,800만 명이 있는데 그중 90퍼센트 이상이 동남아시아 몰려 있고, 그 나라의 경제를 움직이는 엄청난 부자들이야.

중화사상 중국이 세상의 중심이며 가장 우월한 국가라는 생각이야. 다른 나라들은 중국의 신하라 여기고 중국을 섬겨야 한다고 주장했어.

리 자주 모이려면 향우회관이 필요해. 향우회관에서 제사를 지내면서 중국 사람이라는 것을 잊지 않고 살아갈 거야!"

푸젠회관은 중국 남부 지방의 전통 사원 양식으로 지어서 중국보다 더 중국 같은 느낌이 드는 건물이야. 호이안에서 가장 크고 화려한 사원이란다. 광둥회관도 이에 못지않아. 마치 중국 전통 사당에 와 있는 느낌이야. 광둥회관에는 삼국지에 나오는 관우, 유비, 장비가 복숭아나무 아래에서 약속을 하는 '도원결의' 그림과 여의주를 물고 있는 용 조각이 있어. 중국이 아닌 곳에 중국을 똑같이 만들어 놓은 것 같지 않니?

푸젠회관

그보다 훨씬 늦은 19세기에 지은 하이난회관(해남회관)도 여전히 중국 전통 건축 양식을 지키고 있어. 이 회관을 짓기 몇 해

하이난회관

전에 하이난 성 출신 상인 108명이 호이안에 왔다가 해적으로 오인 받아 죽은 일이 있었거든. 억울하게 죽은 108명의 상인을 기리기 위해 후손들이 지은 향우회관이야.

중국인들은 향우회관에 모여 정성껏 제사를 지냈어. 항해하는 사람들의 안전을 기원하고 자신들이 돈을 많이 벌게 해달라고 빌었대. 그러면서 고향 사람들끼리 끈끈한 우정을 다졌겠지? 호이안에 남은 향우회관들은 중국인들이 민족의식을 잊지 않으려고 노력했던 흔적이야.

이때부터 중국인은 호이안 상업을 움직이는 중심이 되었어. 부자 중국인이 점점 많아졌지. 저기 2층짜리 나무 건물 보여? 저기가 풍흥고

하이난회관 내부

가야. 향신료, 종이, 소금, 비단을 팔던 상점이자 중국 상인 풍훙이 사는 집이었지. 이 집에는 지금도 풍훙의 후손이 살고 있어.

풍훙고가

풍훙고가 내부

베트남 문자를 프랑스인이 만들었다고?

호이안에 남아 있는 일본과 중국의 흔적을 잘 보았니? 이번에는 좀 더 멀리 바다 건너에 있는 나라들의 발자취를 살펴볼까?

호이안에 큰 항구가 있다는 소식은 유럽에까지 전해졌어. 포르투갈, 네덜란드, 영국 상인들이 무역을 하려고 호이안에 찾아왔지. 하지만 프랑스는 조금 달랐어. 프랑스는 가톨릭을 선교한다는 핑계로 베트남에 들어왔어.

프랑스는 여러 지역 중에서 호이안을 첫 번째 목표로 삼았어. 왜 그랬을까? 호이안은 옛날부터 외국인이 많이 드나들던 곳이라 외국 문화에 대해 거부감이 적었기 때문이야. 쉽게 가톨릭을 전파할 수 있을 것이라고 생각한 거지.

프랑스인 알렉상드르 드 로드 신부는 17세기부터 호이안에 머물면서 가톨릭을 전파하기 시작했어.

당시의 베트남은 문자가 없어서 베트남어를 중국의 한자로 표현하고 있었는데 로드 신부는 그게 너무 불편했어.

"베트남 사람들과 이야기를 나누려면 내가 먼저 베트남어를 배워야겠어. 그런데 한자가 너무 어려워. 글자를 좀 더 쉽게 쓸 수 있는 방법은 없을까?"

결국 로드 신부는 베트남어를 쉽게 쓰기 위해 로마자를 변형한 문자를 만들었고, 한자가 어려워 글자를 모르던 사람들이 이 글자는 쉽게 익혔어. 베트남 사람들이 글자를 읽을 수 있게 해 가톨릭

알렉상드르 드 로드 신부

교리를 빨리 퍼트리려는 목적으로 만든 이 글자는 베트남 사람들 사이에서 빠르게 퍼져 나갔고, 오늘날 베트남 문자인 '꾸옥 응으(國語)'의 뿌리가 되었단다.

베트남의 마지막 왕조는 응우옌 가문이야. 이 왕조는 프랑스 신부들이 도와준 덕분에 왕위에 오를 수 있었어. 그 대가로 응우옌 왕조는 프랑스 신부들이 가톨릭 세력을 넓히는 것을 허락해 주었고 가톨릭 신자들은 급격하게 늘어났지.

"왕실 안에 종교를 가톨릭으로 바꾸는 사람들이 많아지고 있으니 이거 큰일이군. 가톨릭 교리를 배운 사람들은 베트남 왕실의 전통 방식을 거부하고 있어. 가만히 있어서는 안 되겠어!"

왕은 프랑스에 대한 태도를 바꾸었어. 가톨릭을 탄압하기 시작한 거야. 이런저런 이유를 붙여 프랑스 신부와 베트남 성직자를 마구 죽였어.

프랑스는 단단히 화가 났어. 베트남을 공격할 구실이 생긴 거지. 사실 프랑스는 진작부터 베트남을 식민지로 만들 계획을 세우고 있었거든.

"베트남을 식민지로 만들면 석탄, 고무 등의 자원을 마음대로 빼앗을 수 있다. 베트남 사람에게 석탄, 고무 캐는 일을 시키면 우리는 힘들이지 않고 큰 이익을 얻을 수 있어."

프랑스는 베트남을 차지하기 위한 작업을 시작했어. 1859년에 군대를 끌고 들어가 베트남 남부 지방을 차지했고, 점점 북쪽으로 땅을 넓혀 가더니 1883

덕안고가 내부

역사가 숨 쉬는 세계 별별 마을

년에서 1893년 사이에 베트남 전체와 주변 국가인 캄보디아, 라오스까지 '프랑스령 인도차이나 연방'이라는 이름으로 지배하기에 이르렀지.

프랑스의 지배에 베트남 사람들은 당연히 반발했어. 여기 덕안고가가 그때 중요하게 쓰인 장소야. 프랑스에 반대하는 호이안의 지식인들이 모이는 장소였어. 원래는 중국인 덕안이 운영하는 약방이었지. 이 집에 베트남 책, 외국에서 들어온 책들이 많았대. 호이안의 지식인들은 이곳에서 공부하면서 프랑스에 저항하는 활동을 했어.

1등 항구의 자리를 내준 아픔이 가져온 행운

너희들 오늘 호이안을 보고 난 다음, 여기서 30킬로미터 정도 떨어진 다낭 바닷가에 수영하러 갈 거라고 했지? 그럼 호이안과 다낭이 어떤 관련이 있는지 알고 가는 게 좋겠어. 호이안을 위기에 빠트린 게 바로 다낭이거든.

응우옌 왕조는 프랑스에게 잘 보이려고 호이안 근처에 있던 다낭을 프랑스에게 떼어 주었어. 그때 다낭은 호이안과 비교할 수 없이 작은 항구였어. 프랑스는 '모든 외국 배는 다낭에만 정박할 수 있다'는 규칙을 만들었어. 국제무역항 역할을 다낭이 대신하게 만든 거야.

게다가 자연현상도 호이안을 도와주지 않았어. 호이안을 바다와 연결하는 투본 강 바닥에 흙이 쌓이면서 수심이 얕아져 큰 배가 들어올 수 없게 된 거야. 호이안이 제 기능을

호이안과 바다를 연결하는 투본 강

하지 못하는 사이 이웃 마을 다낭은 무역과 상업의 중심 항구로 자리를 잡았어. 19세기 이후 호이안은 화려한 옛 모습을 잃은 채 사람들의 기억 속에 사라져 갔지.

그런데 이것이 오히려 호이안에게는 잘된 일이 되었지 뭐야! 1964년에 미국과 베트남 사이에 베트남 전쟁이 일어났고, 미국은 베트남에 엄청난 폭격을 퍼부었어. 중요한 마을, 사람들이 많이 모인 곳을 전부 파괴했지. 응우옌 왕조의 궁궐이 있던 이웃 마을 후에는 담장만 남고 왕궁이 전부 무너졌어. 물론 나중에 유네스코의 지원을 받아 궁궐을 다시 짓긴 했지만 말이야.

그때 호이안은 모두의 관심에서 멀어진 마을이었기 때문에 폭격을 맞지 않았어. 다낭에게 1등 항구의 자리를 빼앗긴 것이 오히려 문화유산을 지키는 행운을 주었단다.

아직도 후손들이 살고 있는 역사 마을

지금 호이안은 베트남의 전통에 일본, 중국, 프랑스의 문화가 합쳐져 세계 어디에서도 볼 수 없는 독특한 마을이 되었어. 완전한 베트남도 아니고 그렇다고 일본도, 중국도, 프랑스도 아닌 것이 호이안의 매력이야.

일본교에서 가까운 떤끼고가만 해도 그래. 이 집은 19세기에 베트남 상인이 살던 집인데 중국, 일본, 베트남이 합쳐진 아주 '국제적인 건축 양식'으로 되어 있어.

호이안은 여러 나라의 문화가 섞여 있어. 작은 마을이지만 수많은 나라가 찾아와서 각 나라의 문화를 남겼기 때문이야. 아마 이렇게 작은 동네에서 세계 여러 나라의 흔적을 한꺼번에 찾을 수 있는 마을도 흔치 않을 거야.

이것이 궁금해 **베트남 전쟁** 미국은 베트남의 공산화를 막겠다며 1964년부터 1975년까지 베트남에 들어가 전쟁을 벌였어. 미국의 요청으로 우리나라도 군대를 보내서 베트남군과 싸웠어. 무기도, 군대도 보잘 것 없는 베트남군이 세계 최강대국 미국에게 쓰라린 패배를 안겨 주었어.

떤끼고가의 정문

떤끼고가의 후문

이곳은 왕이나 귀족이 아닌 중국 상인들이 세운 향우회관, 상점, 일반인이 살던 집들이 세계 문화유산이 되었어. 어떤 곳은 지금도 후손들이 생활하고 있기도 해. 이들은 호이안에 대해 자부심을 가지고 이 마을을 소중하게 지켜가고 있단다.

유네스코가 호이안을 세계 문화유산 마을로 지정한 이유

호이안은 전통적인 동남아시아 무역항의 모습이 완벽하게 보존되어 있다. 오랜 시간 국제 무역의 중심지로 여러 문화가 융합되었고, 전쟁을 겪은 베트남에서 유일하게 훼손되지 않고 옛 모습을 그대로 지키고 있는 마을이다. 대부분의 건물은 19세기와 20세기 전통적인 건축 양식으로 지어졌다. 탑이나 절 등 항구 지역사회의 발달과 관련 있는 종교 건축물들이 많다.

국가 | 베트남　**위치 |** 쾅남 성　**등재 연도 |** 1999년

지도로 보는 유네스코 세계 문화유산 마을

베트남의 전통을 지키면서 중국, 일본, 프랑스의 문화를 받아들여 독특한 문화를 만들어 낸 마을이야. 중심가인 쩐푸 거리에는 푸젠회관, 광둥회관, 하이난회관 등 당시 호이안에 거주하던 중국 상인들이 출신 지역에 따라 모임을 가졌던 화교 향우회관들이 남아 있어.

일본교(내원교)
일본인이 만든 다리로 '멀리서 온 사람들의 다리'라는 뜻의 내원교라고 부르기도 해. 일본인 마을과 중국인 마을을 연결했던 다리야. 돌로 만든 다리 위에 나무로 된 지붕을 얹어 마치 나무 주택 같은 느낌이고, 다리 가운데에는 날씨를 관장하는 신을 모신 사원이 있어.

광둥회관
중국 광둥 성의 광저우와 자오칭 출신 무역상들이 만든 회관이야. 삼국지에 나오는 관우를 모시는 제단이 있어. 마치 중국 전통 사당에 온 것 같은 느낌이 들 정도로 중국적인 건물이야.

푸젠회관
중국 푸젠 성 출신 사람들이 모이는 마을회관이야. 중국 남부 지방의 전통 사원 양식으로 지었어. 호이안에서 가장 크고 화려한 사원이지. 나중에 푸젠 성에서 태어난 신 티엔허우를 모시는 사원으로 바뀌었어. 티엔허우는 바다를 건너는 사람들이 어려움에 처했을 때 도와주는 여신이야.

하이난회관
중국 하이난 성에서 온 108명의 상인을 위해 지은 회관이야. 이들은 베트남에서 해적으로 오인받아 사형을 당했어. 회관에는 그들을 기리는 글이 새겨져 있어.

풍흥고가
호이안에서 가장 오래된 목조 건물이지. 베트남과 중국, 일본의 건축 양식이 적절하게 섞인 것이 특징이야. 현재도 풍흥의 후손이 살고 있고, 안쪽에는 베트남 기념품을 파는 가게가 있어.

덕안고가
베트남의 집은 정면이 좁고 안쪽이 긴 직사각형 구조가 많아. 덕안고가는 이런 베트남 가옥의 특징을 잘 볼 수 있지. 약방으로 이용되었던 이 건물은 반 프랑스 운동의 중심지이기도 했어.

바다 실크로드 박물관(무역 도자기 박물관)
호이안에서 무역이 활발했을 당시 가장 인기 있는 물건은 도자기였어. 그때 호이안의 바다 실크로드를 통해 들어온 물건, 그중에서도 도자기들이 많이 전시되어 있어. 도자기를 싣고 가다가 침몰한 배에서 꺼낸 도자기들도 있어.

투본 강
호이안을 가로지르는 강이야. 호이안 세계 문화유산 마을은 투본 강을 중심으로 만들어졌어. 기원전 2세기부터 이 강을 따라 사람들이 모여 살기 시작했대. 16~18세기 아시아, 유럽 상인들이 이 강을 드나들면서 무역의 중심지가 되었어. 투본 강에서 배를 타면 조명이 아름다운 야경을 즐길 수 있어.

베트남의 **또 다른 마을** 나들이

베트남의 천 년을 지켜온 도시

하노이

하노이는 베트남의 수도이자 두 번째로 큰 도시야. 가장 큰 도시는 베트남 상업과 무역의 중심지인 호찌민이지. 하노이는 1009년에 수도가 된 이래 1,000년 넘게 베트남의 정치와 행정의 중심지였어.

프랑스가 베트남을 지배했던 시절에는 캄보디아, 라오스를 지배하던 총독이 하노이에 머물렀어. 1945년 베트남이 남과 북으로 나뉘어졌을 때는 베트남 민주공화국(북 베트남)의 수도였다가, 1976년 베트남 사회주의공화국으로 통일되면서 베트남 전체의 수도로 정해졌어.

하노이에는 '베트남 독립의 아버지'라 불리는 호찌민의 흔적이 많이 남아 있어. 가장 대표적인 곳이 호찌민이 살던 집과 묘소가 있는 바딘 광장 근처야. 호찌민은 베트남 독립운동과 통일을 위해 평생 동안 일했던 지도자였어. 베트남이 프랑스의 지배에서 벗어나고 통일을 이룰 수 있었던 것은 호찌민의 노력 덕분이야. 뒤를 이어 베트남을 마음대로 움직이고 싶었던 미국과 전쟁을 벌여 미군을 내보내는 데도 호찌민이 큰 역할을 했어.

이런 호찌민을 국민들이 존경하는 것은 너무나 당연하겠지? 하노이에 있는 호찌민의 묘소에서는 호찌민의 시신을 영원히 썩지 않도록 방부 처리해서 보관하고 있어. 사실 호찌민은 유언장에 자신이 죽으면 화장을 한 뒤 가루를 세 개의 상자에 나눠 북부, 중부, 남부에 뿌려 달라고 했대. 하지만 호찌민을 너무나 사랑했던 국민들은 차마 화장하지 못하고 이렇게 시신이라도 영원히 볼 수 있는 방법을 선택한 거야.

   하노이는 1990년대 이후 눈부신 경제 성장을 하고 있어. 관광, 금융, 부동산, 은행업이 하노이 경제 발전의 밑바탕이야. 과거 프랑스 지배의 영향으로 프랑스식 건물을 많이 볼 수 있어서 '아시아의 파리'로 불리기도 해.

차와 말을 맞바꾸던
나시족의 골목시장
중국 리장

안녕! 여기는 중국 윈난 성에 있는 리장(麗江, 려강)이야. 티베트, 베트남, 미얀마, 라오스와 국경이 맞닿아 있는 중국의 남쪽 지역이지. 윈난 성은 중국에서 소수민족들이 많이 살기로 유명해. 중국에는 55개의 소수민족이 있고, 그중 35개의 소수민족이 이곳 윈난 성에 살고 있어. 리장은 나시족(納西族, 납서족)이라는 소수민족이 뿌리내리고 있는 마을이란다.

공기 참 좋지? 여기서 50킬로미터쯤 떨어진 곳에 해발 5,596미터의 위룽쉐산(玉龍雪山, 옥룡설산)이 있기 때문이야. 리장은 위룽쉐산의 해발 2,400미터 높이에 있어. 제주 한라산이 해발 1,947미터니까 엄청나게 높은 곳에 있는 마을이지?

리장 곳곳에는 작은 개천들이 있어. 위룽쉐산에서 녹은 눈이 흘러내리는 건데 얼마나 맑은지 몰라. 이 개천의 물 좀 봐. 엄청나게 깨끗하지? 리장에서는 어느 집이든 문이나 창문을 열면 물이 지나가는 길을 볼 수 있단다.

리장 고성 전경

오늘 우리가 구경할 곳은 리장에서도 가장 중심이라고 할 수 있는 리장 고성이야. 원래 이름은 다옌전(大研鎭, 대연진)이었는데 리장을 대표하는 가장 큰 성이라서 그냥 리장 고성이라고 불러. 중국의 4대 고성이기도 한 이곳은 요즘 중국인들이 가장 여행하고 싶은 곳 1위로 꼽히는 마을이야.

이제 안으로 들어가 볼까? 우리 발아래로 800년의 시간이 흐르고 있으니까 잘 따라 와.

차와 말을 맞바꾸던 시장이 있던 거리

여기가 리장 고성 입구야. 이곳에는 세계 문화유산 기념비와 다수이처(大水車, 대수차)가 있어. 이렇게 큰 물레방아가 마을 입구에 있는 이유가 궁금하지 않니?

리장 고성은 집들이 다닥다닥 붙어 있어서 불이 났을 때 매우 위험하기 때문에 리장 고성에 불이 나지 않기를 기원하는 뜻으로 이 다수이처를 세워 놓은 거래.

세계 문화유산 기념비와 다이수처

성 안으로 들어가 볼까? 작은 골목을 걷는 기분이 어때? 바닥은 자갈을 모아 깔아 놓았는데 오랜 시간 동안 사람들이 하도 많이 지나다녀서 이제는 반질반질해졌어.

이야기하다 보니 벌써 도착했네. 여기가 바로 리장 고성의 중심가 쓰팡가(四方街, 사방

이것이 궁금해

중국의 소수민족 중국에는 56개의 민족이 살고 있어. 한족이 전체의 91.5퍼센트로 가장 많고, 나머지 55개 소수민족이 8.5퍼센트를 차지하고 있어. 이들이 주로 사는 곳은 산악지대처럼 교통은 불편하지만 지하자원이 풍부한 지역이야. 주변 국가와 국경이 맞닿은 곳이 많아서 중국 정부는 소수민족이 현재의 거주지에서 오래 살기를 바라고 있어. 그래서 소수민족에게는 대학 입학과 아이를 세 명까지 낳을 수 있는 혜택을 주고 있단다.

중국의 4대 고성 중국 정부는 옛 모습을 잘 보존하고 있는 고성 네 개를 지정해서 특별히 관리하고 있어. 4대 고성은 '리장' 고성과 쓰촨 성 '랑중', 산시 성 '핑야오', 안후이 성 '서셴'이야.

리장 고성의 중심가, 쓰팡가

가)야. 네모반듯한 거리에 가게가 빽빽하게 들어서 있어. 무슨 가게가 있는지 볼까? 전통 공예품을 파는 가게도 있고, 저기는 옥으로 만든 물건을 파는 가게야. 약국, 음식점, 우체국, 은행까지 이 거리에는 정말 없는 게 없네!

저기, 찻잎을 파는 가게도 있어. 한번 들어가 보자. 입구부터 향긋한 냄새가 나지? 리장의 찻잎 가게는 아주 특별해. 무려 1,000년 전부터 이 자리에서 차를 팔고 있었거든.

차가 잘 자라는 지역인 윈난 성은 9세기경부터 차 농사를 크게 지었어. 차를 오래 보존할 수 있도록 가공하는 기술도 함께 발달했지.

이 무렵 윈난 성 옆에는 티베트족이 살고 있었어. 이들은 해발 4,000미터 이상의 높은 지역에서 생활하는 민족이었어. 이곳에 살고 있는 동물 중에는 소와 비슷하게 생긴 야크라는 동물이 있는데, 티베트족의 주식은 당연히 야크의 젖과 고기였지.

윈난 성의 차밭

그런데 고기만 먹으니까 지방 성분이 너무 많아 소화가 잘 되지 않는 거야. 비타민이 부족해서 자꾸 이런저런 질병이 생기는 것도 문제였어. 고기의 지방을 분해하기 위해서는 채소를 함께 먹어야 하는데 그럴 수도 없었어. 티베트족이 사는 동네는 지대가 너무 높아서 채소를 키울 수 없는 환경이었거든.

그러던 중 누군가 윈난 성에서 가져 온 차를 마셨더니 소화도 잘 되고 건강도 좋아지기 시작했어. 그렇게 티베트족은 말린 찻잎을 따뜻한 물에 우려 마시면 채소를 먹는 것과 비슷한 효과가 있다는 것을 알게 되었지.

티베트족은 윈난 성에서 가장 번화했던 리장으로 차를 사러 갔어. 티베트에서 잘 자라는 말을 가져가 차와 물물교환을 했지. 이렇게 윈난 성의 차와 티베트의 말을 맞바꾸기 위해 상인들이 오가던 길을 차마고도(茶馬古道)라고 해. 그 덕분에 리장의 시장은 점점 커졌어.

리장 고성은 차마고도의 중심지가 되었어. 중국 윈난 성 전 지역에서 재배한 차를 리장 고성으로 가지고 와서 팔았고, 티베트 상인이 가져온 말, 양모로 만든 천, 약초 등이 리장 고성을 통해 중국 전 지역으로 퍼져 나갔지.

그 중심에 있던 곳이 바로 여기 쓰팡가야. 마방(馬防)이라 불리던 상인들이 잠을 자던 숙소도 이 근처에 있었어. 11세기부터 리장 고성 중심가에는 이렇게 많은 상점들이 모여 있었단다.

특별한 이유 때문에 성벽을 쌓지 않은 리장 고성

리장 고성이 차 시장으로 이름을 날리면서 나시족뿐만 아니라 한족, 티베트족 등 각 민족이 모여들었어. 그때 시장이 얼마나 컸던지 이 마을을 다스리던 족장도 이 시장을 침범하지 못했대. 대개 통치자의 일터와 집이 마을의 중심에 있는데, 리장 고성은 그렇지가 않아. 쓰팡가를 중심으로 하는 시장이 마을의 가장 가운데에 있고, 나시족의 족장이 살던 집은 리장 고성 남쪽 한 모퉁이에 자리 잡고 있어.

그렇다면 이번에는 리장 고성의 통치자가 살던 무푸궁전(木府宮殿, 목부궁전)으로 가

이것이 궁금해

중국차의 티베트 전래 티베트에 중국의 차를 처음 전한 사람은 7세기에 중국에서 티베트로 시집간 문성공주였어. 왕족과 귀족들만 마시던 차가 9세기 경 중국의 승려들이 티베트 승려들과 교류하면서 티베트 전체에 본격적으로 퍼졌지.

차마고도 차와 말이 있는 오래된 길이라는 뜻이야. 중국과 티베트 사람들이 차와 말을 맞바꾸기 위해 오가던 길인데 단순히 차와 말만 오간 것은 아니야. 사람들이 교류하면서 문화, 종교, 풍습도 오갔어. 실크로드보다 200년이나 앞선 문명의 교역로였어.

마방 차마고도를 오가던 상인을 가리키는 말이야. 마방들은 차와 말을 맞바꾸기 위해 최소 1년 정도 걸리는 여정으로 길을 떠났지.

무푸궁전 입구

보자.

어때? 정말 멋지지? 여기는 무(木, 목)씨 성을 가진 나시족의 시배자가 일하던 관청과 집터야. 무씨 후손들은 리장을 470년 동안이나 다스렸어.

무라는 성이 특이하다고? 그래, 이 성은 보통 성이 아니야. 중국 황제가 나시족 족장에게 선물로 내려 준 아주 특별한 성씨라고. 지금부터 그 성을 받게 된 이야기를 해 줄게.

명나라를 세운 주원장이라는 사람이 있어. 주원장은 10년 동안 윈난 성에 사는 소수민족을 자기편으로 만들려고 공을 들였어. 족장들을 설득하고 때로는 협박도 했지만 족장들은 말을 듣지 않았어. 화가 난 주원장은 군사 30만 명을 이끌고 1381년 윈난 성에 쳐들어갔어.

이때 나시족의 족장 아자아(阿甲阿, 아갑아)는 싸움보다 평화를 선택했어.

"황제 폐하! 우리 나시족은 무조건 명나라 군대에 항복하겠습니다. 황제의 명령을 따를 것이며, 황제가 하시는 모든 일에 협조하겠나이다."

주원장은 아주 기뻐했지. 싸움도 하지 않고 나시족을 자기편으로 만들었으니까.

명나라 주원장

"나시족이 우리 편이 되어 주니 정말 마음이 놓이는군! 아자아에게 권한을 주어 나 대신 이 지역을 통치하도록 해야겠어. 앞으로 나는 아자아 족장만 관리하면 되니까 그 방법이 훨씬 쉬울 거야."

주원장은 나시족의 족장에게 '무'라는 성을 선물로 주었어. 그리고 대를 이어 리장 고성 일대를 다스릴 수 있는 권한도 내려 주었지.

나시족 족장 아자아

무씨 족장은 주원장의 보살핌 아래 편안하게 마을을 다스렸어. 이때부터 리장 고성을 가꾸기 시작한 무씨 족장은 지금 '무푸'라고 불리는 건물들을 지었지. 무씨 족장은 관청과 집뿐만 아니라 정원, 가문의 묘지 등 100여 채의 건물도 세웠어. 화려했던 무푸궁전은 1860년 청나라 때 중앙에서 직접 정치를 하고 토지 제도를 바꾸면서 건물이 많이 사라졌어. 지금은 건물 몇 채와 가족 정원 등이 남아 있어.

그런데 말이야, 리장 고성을 다니면서 이상한 점 발견하지 못했니? 뭐냐고? 리장 고성에는 성벽이 없어. 보통 성이라면 높은 담장을 쌓아 외부에서 침입하는 적을 막으려고 했을 거야. 그런데 무씨 족장은 리장 고성을 가꾸면서 성벽을 쌓지 않았어. 왜 그랬을까? 거기에는 특별한 이유가 있단다.

무씨 족장이 주원장에게 받은 성 '무'는 한자로 '木'이라고 써. 그런데 사방에 담을 쌓아 막아 놓으면 '困', 즉 '가난할 곤'자가 된대. 리장 고성에 성을 둘러쌓으면 무씨 집안이 가난해질 수 있다고 생각해서 담장을 쌓지 않은 거야. 그래서 리장 고성이 성이면서도 성벽이 없는 거란다. 정말 재미있지?

무푸궁전 본관

무푸궁전 안을 살펴볼까? 가장 먼저 보이는 것이 네모반듯한 대전과 사당이야. 사당 정면에 있는 저 글씨가 명나라를 세운 주원장이 무씨 족장에게 선물한 글자판이야.

무푸궁전 내부

이 무푸궁전은 베이징에 있는 자금성을 모방해서 지었대. 물론 규모는 비교가 되지 않지만 나름 자금성을 따라 지은 흔적을 여러 군데에서 볼 수 있어. 특히 무푸궁전 본당은 자금성의 태화전과 무척 닮아 있어.

세상에서 가장 예쁜 상형문자를 가진 나시족

어? 이게 무슨 소리지? 이거 나시족 전통 음악인데? 가까이 가 보자!

나시족 여성들이 전통 춤을 추고 있네. 나시족은 결혼식이나 축제 때 여럿이서 원을 그리며 노래 부르고 춤을 추면서 축제의 흥을 돋운단다. 지금은 리장 고성에 온 관광객들에게 나시족의 전통 춤을 보여 주는 거야.

나시족 여성들의 전통 춤

나시족은 자신들만의 종교와 문화를 지녔고, 이것을 소중하게 보존하고 있어. 특히 자연, 조상, 귀신 등 여러 신을 믿는 둥바교라는 고유의 종교는 아직까지 전해지고 있지.

둥바(東巴, 동파)는 나시족의 언어로 '지혜로운 사람'을 의미해. 부족 중 가장 똑똑한 사람이 둥바가 되어 신에게 제사를 지냈어. 둥바로 뽑힌 사람은 나시족의 문화와 전통을 후손들에게 전달하는 역할도 했단다.

나시족이 더 대단한 이유는 둥바교의 교리를 기록하기 위해 상형문자인 둥바문자를 만들었다는 거야. 상형문자는 사물의 모양을 본 떠 의미를 나타내는 문자인데 둥바문자는 1,700개의 글자가 있지. 사실 문자라기보다는 설명적인 그림에 가까워. 예를 들어 '지켜보다'를 뜻하는 문자는 사람의 눈을, '자르다'를 뜻하는 문자는 칼이 물건을 베고 있는 그림이지. 둥바문자는 현재 유네스코 세계 기록유산에 등재되어 있어.

둥바문자

나시족의 음악은 또 얼마나 특별하다고! 짧은 이야기가 담긴 노래를 부르는데 음이 무척 높아서 보통 사람은 따라 하기조차 힘들어. 리장 고성 안에 있는 둥바고전음악궁에 가면 매일 저녁 나시족의 전통 음악을 들을 수 있어. 소라나팔, 소뿔나팔처럼 전통적인 악기가 내는 둥바고전음악은 이제까지 어디에서도 들어 보지 못한 특별한 소리란다.

세 개의 우물이 연이어 있는 이유는?

리장 고성의 수로

걷다 보니 다리가 아프다. 저기 다리 위에서 잠깐 쉬었다 가자!

잠시 멈추어서 리장 고성을 보는 것도 참 좋지? 길옆으로 졸졸 흐르는 맑은 물, 물속을 힘차게 헤엄치고 있는 빨간 금붕어, 물가에 길게 드리운 버드나무 가지……. 마치 동양화의 한 장면을 보는 것 같지?

리장 고성에는 마을 곳곳에 수로들이 나 있는데, 고성의 신비함을 높이는 데에 한몫을 했지. 이곳은 집과 수로가 함께 있다고 해도 지나친 말이 아닐 거야. 수백 년 전에 어쩜 이렇게 편리한 수로를 만들었는지 정말 신기해.

리장의 우물은 세 개가 연이어 있는 것이 특징이야. 가장 위에 있는 우물은 마시는 물, 중간 우물은 채소 씻는 물, 가장 아래쪽에 있는 우물은 빨래하는 물로 사용하고 있어. 이런 우물을 산이엔징(三眼井, 삼안정)이라고 불러. 이 물은 리장 고성 바깥쪽으로 흘러가서 농사를 짓고 가축을 키우는 데에도 사용돼.

리장의 수로는 단순히 마을을 아름답게 하려고 만든 것이 아니야. 마을 사람들의 생활을 편리하게 만드는 생명의 물줄기였어. 이 수로가 나시족이 800년 동안 리장 고성 주변에 머물 수 있었던 진짜 비결이야.

마을 전체에 수로가 나 있으니 그에 맞춰 다리도 필요했겠지? 하루에도 수십 번 수로를 건너다녀야 하니까. 리장 고성에는 수로 위를 가로지르는 크고 작은 다리가 354개나 있대. 다리만 찾아 다녀도 한나절이 다 지나갈 정도야. 사람들이 리장을 '다리의 마을'이라고 부르는 이유가 이 때문이란다.

그중에서 대표적인 다리를 몇 개 보여 줄게. 이쪽으로 와 봐. 여기가 다쓰차오(大石橋, 대석교)야. 리장을 다스리던 무씨 집안에서 건축한 다리지. 길이 10미터가 조금 넘는 다쓰차오는 리장 고성에서 가장 크고 아름다운 돌다리란다. 옛날에는 이 주변에 마로 만든 천을 파는 가게들이 모여 있어 '마포를 파는 다리'라는 뜻의 매마포교(賣麻布橋)라고 부르기도 했어. 지금은 밤이 되면 아름다운 조명 속에 빛나는 카페들이 늘어서 있지.

리장 고성의 대표적인 다리, 다쓰차오

이번엔 저 아래로 내려가 보자. 저기가 완쯔차오(萬子橋, 만자교)라는 다리인데 돌가루를 꼭꼭 다져서 튼튼하게 만들었지. 이 다리는 명나라 때 이 마을에 살던 부자 할머니가 기부한 돈으로 만든 거야. 그 할머니는 자식이 없었대. 1731년, 자신의 전 재산을 기부해서 이 다리를 만들면서 '이 마을의 자손들이 만대에 걸쳐 번성하기를 기원한다'는 뜻으로 만자교라고 이름 붙였다는 이야기가 전해지고 있어.

지진도 견뎌낸 나시족의 지혜

어때? 마을을 돌아볼수록 나시족의 지혜와 문화에 감탄하게 되지?

나시족은 성품도 온화했나 봐. 이 마을에 사는 동안 이웃 마을과 전쟁이나 싸움을 하지 않았어. 갈등이 생길 때는 늘 평화로울 수 있는 방법을 선택했고, 그 덕분에 마을을 온

전하게 지킬 수 있었던 거야.

나시족의 지혜가 빛을 발한 것은 마을을 휩쓸고 간 지진 때문이었어. 1996년, 리장에 진도 7의 엄청난 지진이 일어났어. 300여 명이 목숨을 잃었고, 1만 6,000여 명이 부상을 입은 재난이었어. 건물이 무너지고, 마을은 쑥대밭이 되었지.

하지만 나무로 지은 오래된 기와집이 모여 있는 리장 고성은 피해가 적었어. 목조가옥의 30퍼센트 정도만 망가졌고,

리장 고성의 목조가옥

70퍼센트 이상은 지진 후에도 멀쩡했던 거야. 왜냐고? 못을 쓰지 않고 기둥과 들보를 맞춤식으로 결합한 전통 건축 양식이 서로 버티면서 지진을 견디는 역할을 했기 때문이래.

나시족의 지혜에 세계 사람들은 깜짝 놀랐어. 현대인이 지은 건물보다 나시족이 지은 목조건물이 훨씬 강하다는 것을 입증했으니까. 마을에 닥친 재앙이 오히려 리장이 세계적으로 주목받는 계기를 만들어 주었단다.

그 후 리장 고성은 아주 유명한 마을이 되었어. 요즘은 이곳을 찾는 관광객이 한 해에 500만 명이나 된대. 요즘은 중국 한족들이 많이 이주하고 외부인들이 너무 많아서 나시족의 문화가 희미해질까 걱정하는 사람들이 많아.

하지만 걱정하지 마. 나시족이 누구야? 이 마을을 800년 동안이나 지켜 온 민족이야. 전통과 문화를 사랑하는 나시족은 앞으로도 이 마을을 잘 지켜 갈 거야. 물론 우리도 나시족을 응원하며 리장을 사랑하는 마음으로 지켜봐 주어야겠지?

유네스코가 리장을 세계 문화유산 마을로 지정한 이유

리장 고성은 윈난 성 정치와 상업의 중심지이다. 리장 고성이 있는 지역은 높은 산악지대여서 땅이 평평하지 않아 나시족은 땅의 모양을 잘 활용하여 집을 지었다. 나무를 끼워 맞춰 지은 건물들이 큰 지진을 잘 견디어 낸 덕분에 리장은 세계적으로 유명한 마을이 되었다.

국가 | 중국　**위치** | 리장 옛 마을　**등재 연도** | 1997년

지도로 보는 유네스코 세계 문화유산 마을

리장 고성은 나시족의 생활과 문화가 그대로 남아 있는 마을이야. 차마고도가 지나는 길목인 리샹에는 차와 말을 맞바꾸던 커다란 시장이 있었어. 마을 전체를 굽이굽이 흐르는 수로는 마을 사람들의 생활을 편리하게 해 주었지. 이 수로에는 354개의 독특한 다리가 놓여 있어. 그래서 리장을 '다리의 마을'이라고 부르기도 한단다.

세계 문화유산 기념비
리장 고성이 세계 문화유산으로 등재된 것을 기념해 세웠어. 기념비의 글씨는 중국의 국가수석이었던 장쩌민이 직접 쓴 거란다.

다수이처
리장의 물길이 시작되는 지점을 알리는 물레방아야. 이곳에서 물이 세 줄기로 갈라지면서 리장 고성 곳곳을 흘러.

쓰팡가
차와 말을 물물교환 하던 11~12세기부터 상점이 있던 거리야. 사방으로 작은 골목과 연결되어 있어. 리장 고성에서 가장 중심이 되는 거리로, 언제나 활력이 넘치는 곳이야.

무푸궁전
명나라 때 무씨 족장이 건립한 건축물로 베이징의 자금성을 모방해서 지은 궁전이야. 관청과 집, 정원, 가문의 묘지 등 한때는 100여 채의 건물이 있었어. 지금은 많이 줄어들어 몇 채의 건물과 가족 정원이 남아 있지만 찬란했던 무씨 가문의 흔적을 살펴볼 수 있어. 특히 무푸궁전 본당은 베이징의 자금성 안에 있는 태화전을 모방해서 지었어.

둥바고전음악궁
나시족의 고전음악을 연주하는 장소야. 나시족 어르신들이 전통 악기로 나시 음악을 연주해. 나시족은 독특한 선율과 높은 음의 음악을 연주하면서 전통과 문화를 지켜 가고 있단다.

다쓰차오
리장을 다스리던 무씨 집안이 건축한 다리로, 리장 고성의 동쪽과 서쪽 구역을 연결하는 통로이기도 해. 고성 안에서 가장 큰 돌다리로 길이는 약 10미터쯤이야. 예전에는 다리 주변에 마로 만든 천을 파는 가게들이 모여 있어서 '마포를 파는 다리'라는 뜻의 매마포교라고 부르기도 했어.

완쯔차오
명나라 때 이 동네에 사는 부자 할머니가 기부한 돈으로 1731년에 건설했어. 자식이 없었던 할머니는 '자손이 만대에 걸쳐 번성하길 기원한다'는 뜻으로 마을에 이 다리를 기부했대.

중국의 **또 다른 마을** 나들이

거대한 중국을 움직이는 도시
베이징

중국의 수도는 베이징(北京, 북경)이야. 베이징은 '북쪽의 수도'라는 뜻이지. 중국 내륙에 있는 시안(西安, 서안)을 중심으로 북쪽에 있어서 이렇게 불렀어. 베이징은 전국시대 연나라의 수도가 되면서 중국의 중심지로 떠올랐어. 비공식적으로는 '연나라의 수도'라는 뜻의 연경(燕京)이라고 부르기도 해. 베이징은 중국의 여러 왕조를 거치면서 800년 동안 역사를 이어 왔단다.

중국에는 '3,000년의 역사를 보려면 시안으로 가고, 800년의 역사를 보려면 베이징에 가고, 100년의 역사를 보려면 상하이로 가라'는 말이 있어. 중국의 정치와 문화는 800년 동안 베이징을 중심으로 발전했고, 상업과 무역은 최근 100년 동안 상하이를 중심으로 이루어졌다는 뜻이야.

베이징의 천안문(天安門, 티엔안먼) 앞은 세계에서 가장 넓은 광장이야. 약 100만 명이 한꺼번에 모일 수 있대. 1989년에 민주화를 요구하는 시민들이 이 광장에서 시위를 벌였을 때 중국 정부는 군대를 동원하여 탱크로 밀고 총을 쏘면서 시민들을 강제로 해산시켰어. 그때 많은 사람들이 죽거나 다쳤어. 이 사건을 '천안문 사건'이라고 해. 그 뒤로 중국

정부는 천안문 광장에 사람들이 많이 모이면 또 시위를 벌이는 것이 아닌가 싶어 감시를 심하게 한대.

　천안문에서 정면으로 보이는 건물이 명나라, 청나라의 궁전이었던 자금성(紫金城, 쯔진청)이야. 오래된 궁전이라서 고궁(故宮)이라고 부르기도 해. 자금성은 방이 9,000개나 될 정도로 세계에서 가장 큰 궁전이야. 자금성 안에 있는 여러 궁들은 중국의 예술품을 전시하는 박물관으로 쓰이고 있어.

　천안문 광장 서쪽에 있는 인민대회당은 중국의 현대를 상징하는 건물이란다. 여기에서는 매년 3월에 전국인민대표대회와 전국인민정치협상회의를 통칭하는 중국 양회(中國 兩會)가 열려. 약 5,000명의 대표자들이 모여 국가의 법을 만들거나 고치고, 지도자를 뽑는 등 국가의 중대한 일을 결정하는 회의야.

　이 외에도 베이징에는 하늘에 제사를 지내는 천단(天壇), 중국 황실의 여름 궁전이자 정원인 이화원(頤和園, 이허위엔) 등 중국의 역사와 문화를 알 수 있는 많은 건물들이 남아 있어.

한국 공주·부여·익산
700년 이어진 백제 문화의 꽃

드디어 한국에 왔구나! 세계 문화유산 마을 중 한국에 있는 백제역사유적지구에 와 주어 고마워. 2015년 7월, 유네스코가 우리 마을을 세계 문화유산으로 지정했을 때 얼마나 기뻤는지 몰라.

오늘 공주 시내 한가운데서 만나자고 해서 깜짝 놀랐니? 시내 중심에 백제의 문화유산이 있거든. 공주는 백제의 두 번째 수도야. 지금은 차가 많이 다니는 번화한 도시가 되었지만 백제가 도읍으로 정할 때만 해도 산골짜기에 숨어 있던 작은 마을이었지.

백제는 기원전 18년부터 기원후 660년까지 약 700년 간 지속된 왕국이야. 그 사이 수도를 세 번 옮겼어. 첫 번째 수도는 한성(서울의 옛 이름), 두 번째는 웅진(충남 공주의 옛 이름), 세 번째는 사비(충남 부여의 옛 이름)였어.

쫓기듯 내려온 수도지만 백제는 이곳에서 다시 힘을 키운 뒤 고구려, 신라와 당당하게 맞섰지. 또 일본에 불교를 전할 정도로 문화를 발전시켰단다. 오늘 우리는 백제가 찬란한

> **이것이 궁금해**
> **한국에 있는 세계 문화유산 마을** 우리나라에는 지금까지 열두 개의 세계 문화유산이 있어. 그중 마을 전체가 문화유산으로 지정된 경우는 경주역사유적지구, 한국의 역사 마을인 하회와 양동 두 곳이었어. 그리고 2015년에 백제역사유적지구가 세계 문화유산이 되면서 이제 세 곳이 되었어.
> **일본으로의 불교 전파** 백제의 성왕은 귀족 노리사치계를 일본에 보내 불교를 전했어. 나중에 전쟁이 났을 때 일본이 백제를 도와주도록 친밀한 관계를 맺기 위해서였지.

불교문화를 꽃피운 후반기 역사를 돌아볼 거야.

서두르자! 오늘은 공주뿐 아니라 부여까지 가야 하니까. 그럼 웅진과 사비에서 펼친 185년 동안의 역사 속으로 들어가 볼까?

한성을 빼앗기고 웅진으로 도망친 백제

백제가 500년 동안 살던 수도 한성을 떠나 공주로 온 이유가 궁금하지 않니?

백제, 고구려, 신라가 있던 삼국시대에 한반도에서 가장 인기 있는 지역은 한강 유역이었어. 5세기에 한강 유역을 차지하고 있던 나라가 백제였지. 하지만 한강 유역을 놓고 고구려와 끊임없는 전쟁을 치러야 했어.

그러던 중 475년에 고구려의 장수왕이 백제를 차지하기 위해 쳐들어왔어. 3만 명의 대군을 이끌고 말이야. 전쟁 준비를 제대로 하지 못했던 백제는 한성을 빼앗겼어. 그래서 급히 금강 남쪽에 있는 마을로 수도를 옮겼어. 그게 바로 웅진, 지금의 충남 공주란다.

그때 웅진으로 내려온 백제 왕들이 자리를 잡은 곳이 바로 여기 공산성이야. 시내 한가운데에 이렇게 역사적인 문화재가 있는지 몰랐다고? 아마 안에 들어가면 더 깜짝 놀랄 걸?

백제는 웅진에 오자마자 산 위에 돌로 성벽을 쌓았어. 성의 둘레가 2.2킬로미터 정도 되지. 저 아래로 금강이 흐르고, 멀리 차령산맥이 가로막고 있는 것 보이지? 여기는 산과 강으로 둘러싸여 있어. 이제 백제가 왜 여기로 왔는지 알겠니? 고구려가 쳐들어왔을 때를 대비해 제일 안전한 지역으로 온 거야. 백제에게 가장 두려운 존재는 언제나 고구려였거든.

공주의 공산성 성곽

공산성의 첫 성문, 금서루   공산성 안의 우물터

첫 성문인 금서루를 지나면 세 갈래 길이 나와. 우리는 오른쪽 길로 가 보자. 백제 왕궁 터에 가야 하거든.

여기가 백제 왕궁 터야. 너무 오래전이라 그 당시 지은 건물은 사라졌어. 지금 있는 것들은 조선시대 때 다시 만들거나 최근에 손본 것들이야.

그래도 이 우물터가 백제 왕궁이 있던 자리야. 좀 더 가까이 와서 볼래? 우물 안을 보면 깊이 10미터 정도로 땅을 파서 벽을 돌로 잘 다듬어 놓았어. 이 물을 공산성 안에 머무는 많은 사람들이 식수로 사용했대. 그런데 왕궁이 있기에는 터가 좀 좁지? 백제는 급히 내려오느라 넓은 장소를 마련할 틈이 없었던 것 같아.

1,500년 동안 백제의 화려한 유물을 숨겨 놓은 무령왕릉

백제 왕궁 터가 너무 작아서 백제가 작은 나라였을 거라고 생각하면 곤란해. 다음 우리가 갈 곳은 백제의 왕들이 남겨 놓은 역사적인 유적지야. 아마 깜짝 놀라게 될 거야.

여기는 송산리 고분군이야. 백제 왕들의 무덤이지. 모두 일곱 기의 무덤이 있어. 참, 무덤을 셀 때는 '개'가 아니라 '기(基)'라는 한자를 쓴단다. 1호분부터 6호분까지 여섯 기의 무덤은 어느 왕의 무덤인지 확실하지가 않아. 7호분만 주인을 알고 있어. 7호분은 혼란에 빠져 있던 백제를 다시 일으켜 세운 무령왕이 잠들어 있는 무령왕릉이야.

무령왕은 190센티미터가 넘는 큰 키에 성격이 인자한 왕이었대. 그는 백제를 강한 나라로 만들기 위해 많은 일을 했어. 고구려를 공격해서 백제로 쉽게 쳐들어오지 못하게 했고, 중국, 일본과 활발하게 교류해서 백제의 위상을 높였어.

무령왕릉 입구

"백성들에게 농사 기술을 가르쳐라. 부족한 농지는 둑을 만들고 땅을 흙으로 메워 넓히면 된다. 그 농지를 백성들에게 골고루 나눠 주어 농사에 더욱 힘쓰도록 해라."

큰 흉년이 들었던 해에는 무령왕이 나라의 창고를 열어 불쌍한 백성을 살려내기도 했단다.

무령왕릉 내부

무령왕릉 안으로 들어가 볼까? 무덤이라 으스스하다고? 걱정 마! 이곳은 무령왕릉을 똑같이 재현한 모형 무덤이야. 진짜 무령왕릉은 훼손될 수 있어 공개하지 않고 있어. 굴처럼 넓은 길을 만들고 천장을 무지개 모양으로 마무리한 것 좀 봐. 벽은 연꽃무늬 벽돌로 장식했어.

무령왕릉에 사용한 벽돌은 당시 중국에서 유행했던 거야. 왕의 주검을 넣은 관은 일본에서만 자라는 금송이라는 나무로 짠 거고. 이것은 당시 백제가

이것이 궁금해

무령왕릉의 유물 무령왕릉은 1971년 땅에 배수관을 넣는 공사를 하다가 우연히 발견되었어. 무덤과 무덤 사이에 숨겨져 있어서 아무도 여기에 무덤이 있는지 몰랐대. 역사, 문화 유적을 법의 허가를 받지 않고 불법으로 발굴하는 것을 도굴이라고 하는데, 무령왕릉은 도굴되지 않고 온전한 형태로 남아 있는 유일한 백제 왕의 무덤이야. 다른 백제 왕들의 무덤은 일제 강점기 때 대부분 도굴 당했어. 무령왕릉에서 발굴한 유물은 무려 4,600여 점이나 된단다. 이 유물들은 국립공주박물관에서 보관하고 있어.

중국, 일본과 활발하게 교류했다는 증거란다.

저기 무덤 안에 복숭아 모양의 등잔 놓던 자리 보이니? 이것은 무덤을 꾸미고 마지막 입구를 막기 전에 등불을 밝혀 안에 있는 산소를 모두 없애기 위한 거야. 무덤 안을 진공 상태로 만들어 물건들을 썩지 않게 하려는 과학적 원리를 적용한 거지.

무령왕릉의 복숭아 모양 등잔

무령왕릉에서 나온 무령왕비 금제관식

무령왕릉에서 나온 유물을 보면 백제가 얼마나 세련된 문화를 가지고 있었는지 알 수 있어. 문화가 이렇게 발전했다는 것은 그 시대에 정치와 경제가 안정적이었다는 뜻이지. 백제는 이곳까지 쫓겨 왔지만 다시 힘을 길러 옛날처럼 풍요로운 왕국을 건설했던 거야.

백제의 화려한 시절을 되찾기 위해 찾아간 사비

자, 이제 차를 타고 이동해야 해. 버스를 타고 40분 정도 떨어진 부여로 가야 하거든. 얼른 가자. 거기에도 보여 주고 싶은 것들이 너무 많아.

부여의 옛 이름이 사비라고 아까 이야기했지? 백제는 538년에 다시 도읍을 이곳 사비로 옮겼어. 그런데 왜 편안하게 살던 웅진을 떠나기로 결심했을까?

왕궁 터인 관북리 유적지

웅진에서 어느 정도 힘을 되찾은 백제는 다시 고구려를 능가하는 나라가 되려는 계획을 세웠어. 산과 강으로 가로막힌 웅진은 커다란 왕국의 수도가 되기에는 비좁다고 생각한 거야. 그래서 선택한 곳이 사비란다.

사비로 온 백제가 어디에 왕궁을 지었는지는 정확히 알 수 없었어. 기록이나 유물이 뚜렷하지 않기 때문이야. 하지만 오랜 연구 끝에 부소산성 입구에 있는 관북리 유적지가 왕궁 터인 것을 확인했어. 이 지역에서 건물 터, 물을 담았던 시설, 나무로 만든 저장고 등이 나왔거든. 또 왕이 다니던 큰길, 연꽃무늬 벽돌이나 자갈로 포장되어 있던 길의 흔적도 찾아냈어.

웅진으로 갈 때와 달리 사비로 갈 때 백제는 철저한 준비를 하고 갔어. 사비로 도읍을 옮기자마자 가장 중심부에 정림사를 지은 것만 봐도 그것을 알 수 있지.

"사람들이 가장 많이 다니는 사비의 중심가에 절을 지어라. 사람들이 절을 보면서 부처님을 믿는 마음이 더욱 깊어지도록 말이다. 또 절의 중앙에는 부처님의 몸이라 할 수 있는 5층 석탑을 세워라!"

지금은 시간이 너무 오래 지나서 당시의 건물은 사라지고 정림사지 5층 석탑이 남아 있어. 넓은 절터를 보면 백제가 얼마나 신경 써서 이 절을 지었는지 알 수 있을 거야.

부여의 정림사지와 5층석탑

무왕이 건설한 제2의 수도, 전북 익산

백제의 수도는 여기 말고 또 있어. 백제의 무왕은 정림사지에서 차를 타고 한 시간쯤 걸리는 전북 익산에 또 하나의 작은 수도를 만들었어. 사비성에 있는 왕궁 못지않게 큰 궁궐

익산의 미륵사지

일부분만 남은 익산 미륵사지 석탑

과 성을 지었지. 이것이 도읍을 옮기기 위한 준비였는지, 왕의 권위를 나타내려고 별궁을 지은 것인지는 확실하지 않아.

 익산은 무왕이 어린 시절을 보낸 고향이야. 왕이 왜 궁궐이 아닌 이런 시골에 와서 살았냐고?

 무왕은 왕의 자손이었지만 어머니가 정식 왕비가 아니라서 어린 시절 궁궐에 살지 못했대. 이곳 익산의 시골에서 마를 캐면서 살았고, 어릴 때 이름은 서동이야.

 무왕이 익산을 도읍지로 생각한 것은 여러 이유가 있었어. 무왕이 나고 자란 고향이니까 그를 지지하는 귀족들이 많이 살고 있었을 거야. 귀족들이 왕을 도와주면 왕권이 강화되어 무왕이 나라를 다스리기 편하잖아. 또 익산은 사비보다 남쪽에 있어서 고구려가 쳐들어왔을 때 사비를 빼앗기더라도 방어할 수 있는 지역이라는 장점도 있었어.

 무왕은 우리나라에서 가장 큰 절인 미륵사와 미륵사지 석탑을 세웠어. 미륵사지 석탑은 지금은 일부분만 남았지만 원래는 높이 28미터쯤 되는 거대한 9층 석탑이었어. 이것은 백제가 얼마나 번성했는지, 불교를 믿는 마음이 얼마나 깊었는지 알 수 있는 증거란다.

 또 익산에는 백제의 왕궁 터라고 알려진 왕궁리 유적지가 아직까지 남아서 화려했던 백제의 역사를 전하고 있어.

왕궁리 유적지

백제 3대 충신을 거느리고도 전쟁에서 패한 의자왕

이렇게 정성 들여 지은 백제의 문화유산들이 모두 불타 없어졌다니 너무 아쉬워. 백제에 무슨 일이 있었냐고? 지금 가는 곳에서 그 이유를 설명해 줄게. 너희들을 부여까지 데리고 온 이유가 바로 여기, 부소산성에 가기 위해서였거든.

부소산성은 둘레가 2.5킬로미터나 되는 큰 산성이야. 성 안에는 평상시 왕이 쉴 수 있는 정자와 절이 있고, 전쟁에 대비해 식량을 보관하는 창고도 있어.

부소산성 입구

부소산성 안에서 제일 먼저 가 볼 곳은 삼충사야. 백제를 구하려고 애썼던 계백, 성충, 흥수 세 명의 충신을 모신 사당이란다. 충성스러운 신하 세 명에 얽힌 이야기를 조금 더 해 줄게.

부소산성 안의 삼충사 내부

백제의 마지막 왕이 의자왕인 것은 알지? 의자왕은 원래 용감하고 인자한 왕이었어. 직접 군사를 이끌고 신라를 공격해 40개의 성을 빼앗을 정도로 용감한 장수였지.

그랬던 의자왕이 변한 것은 새어머니의 죽음 때문이야. 그의 새어머니는 의자왕에게 15년 동안 이래라 저래라 간섭을 했어. 새어머니가 돌아가시자 의자왕은 새어머니와 가까웠던 귀족들을 전부 몰아내 버렸어. 참견할 사람이 없어지니까 의자왕은 해야 할 일을 방치한 채 사치와 놀이에 빠져들고 말았지.

충성심 강한 부하 성충과 흥수는 의자왕에게 예전의 용감하고 지혜로운 왕으로 돌아와 달라고 부탁했어. 그러자 의자왕은 화를 내며 성충을 감옥에 가두고, 흥수는 멀리 귀양을 보내 버렸어. 성충은 다시 의자왕에게 편지를 올렸어.

"지금 이러실 때가 아닙니다. 몇 해 뒤 신라군과 당나라군이 백제를 공격할 것이라는 소문을 들었습니다. 당나라 군대는 백마강 입구에서 막고, 신라군은 탄현에서 막아 사비까지 들어오지 못하게 해야 합니다."

탄현은 지금의 대전 근처인데 의자왕은 성충의 말을 무시해 버렸어. 그러다가 660년, 정말 신라와 당나라가 연합한 군대가 쳐들어왔어. 의자왕은 그때서야 마음이 급해졌어. 멀리 귀양 가 있는 흥수에게 어떻게 하면 좋을지를 물었지.

"당나라가 백마강을 넘어오지 못하게 하고, 신라가 탄현을 넘어오지 못하게 지키십시오."

흥수도 성충과 똑같은 말을 하는 거야. 의자왕이 흥수의 말을 따르려고 하니까 옆에 있던 귀족이 말렸어.

"흥수는 귀양을 가 있으니 왕에 대한 원망이 클 것입니다. 흥수가 백제를 위해 좋은 작전을 말해 줄 리 없습니다. 흥수를 믿으시면 절대 아니 되옵니다!"

영일루

결국 의자왕은 충신의 말을 무시하고 가까이 있던 나쁜 신하의 말을 들었어. 그 사이 신라군 5만 명과 당나라군 13만 명이 손쉽게 백제 안으로 들어왔어. 육지와 바다 양쪽에서 무섭게 밀고 들어오는 18만 명의 군사를 백제의 2만 명으로는 도저히 막아 낼 수 없었지.

삼충사에서 조금 더 올라가 볼까? 영일루가 나오는데 옛날에 백제 왕들이 아침마다 계룡산에서 떠오르는 해를 맞으면서 나랏일을 의논했던 곳이래.

이것이 궁금해 · **신라군과 당나라군의 백제 공격** 백제는 고구려를 신경 쓰느라 신라에 대한 대비를 많이 하지 않았어. 신라는 그 허점을 이용해 백제를 먼저 무너뜨린 뒤 고구려를 공격할 계획을 세웠어. 그리고 당나라에게 지원을 요청했지. 당나라도 고구려가 두려웠기 때문에 신라와 기꺼이 손을 잡은 거야.

영일루 옆의 넓은 잔디밭은 바로 백제의 군창지 터야. 군창지가 뭐냐고? 전쟁이 났을 때를 대비해 준비해 놓은 식량이나 물건을 보관하던 창고야. 지금은 아무 흔적도 없는데 그걸 어떻게 알았는지 궁금하지? 여기 땅 속에서 쌀, 보리, 콩, 같은 불에 탄 곡식 낱알이 나왔거든. 지금도 이 근처의 땅을 파 보면 가끔씩 새까맣게 탄 볍씨가 발견되곤 해.

부소산성 안의 군창지 터

낙화암에서 뛰어내려 나라에 충성한 여성들

군대 이야기가 나왔으니 백제의 마지막 충신 계백을 빠뜨릴 수 없겠네. 부소산성에서 가장 높은 곳으로 가면서 백제가 멸망한 마지막 순간을 이야기해 줄게.

신라와 당나라 군대는 왕이 살고 있는 사비성 쪽으로 점점 들어오고 있었어. 의자왕은 계백에게 마지막 남은 군사 5,000명을 내 주면서 백제를 지켜 달라고 했어.

'이 싸움은 도저히 이길 수 없다. 나도 곧 죽을 것이다. 내가 죽고 나면 아내와 아이들은 죽거나 노비가 되겠지? 적 앞에서 치욕스럽게 살게 할 수는 없다. 차라리 내 손으로 가족의 목을 베리라!'

그만큼 계백은 절박했고, 죽을 각오를 하고 전쟁에 나간 거야. 계백은 5,000명의 군사와 함께 목숨을 바쳐 싸웠어. 절대적으로 불리한 상황이었지만 계백의 군대는 신라군을 네 번이나 막아 냈어. 그러나 워낙 수가 적었기 때문에 전쟁이 계속되면서 지쳐 갔어. 결국 신라와 당나라의 거센 공격에 계백의 군대는 황산벌전투에서 전멸하고 말았단다.

계백 이야기를 하다 보니 벌써 도착했네? 다 왔어. 여기가 부소산성에서 제일 높은 정자 백화정이야. 저 아래 흐르는 강이 백마강이고, 이 바로 아래는 낙화암이라 이름 붙은 절벽이란다.

사비가 무너지면서 부소산성 안에 남아 있던 여성들은 도망갈 곳이 없었어. 나당연합군

부소산성의 낙화암과 백마강

이 쫓아오는 상황에서 여성들은 절벽 쪽으로 뛰어갔어. 가장 높은 곳까지 올라왔지만 절벽에 다다르자 더 이상 갈 곳이 없다는 것을 알았어.

'여기서 살아 봐야 신라군의 노예가 되거나 당나라에 끌려가겠지? 더 이상의 선택은 없다. 백마강에 목숨을 던지는 것이 낫겠다!'

여성들은 높은 절벽에서 뛰어내렸어. 그중에는 궁녀뿐 아니라 성 안에서 농사를 짓던 여성, 시장에서 물건을 팔던 여성들도 섞여 있었겠지? 백제의 여성들은 남성들처럼 전쟁터에 나가 싸운 것은 아니지만, 목숨을 던져서 나라에 대한 충성을 보여 준 거야.

그렇게 700년 동안 찬란한 불교문화를 만들어 낸 백제는 기원후 660년, 역사 속으로 영원히 사라졌단다.

1,500년 만에 세상 밖으로 나온 백제

백제역사유적지구는 충남 공주와 부여, 그리고 전북 익산을 잇는 마을이야. 이 세 지역은 백제 후반기의 수도이거나 수도 예정지로 찬란한 불교문화를 꽃피웠다는 공통점이 있어.

그동안 백제의 역사는 많은 사람들에게 잘 알려지지 않았어. 왜냐고? 아무래도 지금부터 1,500년 전의 오래된 역사라서 흔적이 온전히 남아 있는 것이 드물기 때문이야. 또 신라의 공격을 받아 멸망하면서 백제 문화가 이어지지 못한 채 사라져 버린 탓이지. 백제가 멸망할 때 사비는 7일 동안 불바다였다고 해. 그때 많은 건물과 문화재들이 불타 없어졌어.

이제 백제역사유적지구가 세계 문화유산이 되면서 백제에 대한 연구는 더욱 활발해질 거야. 세계인이 백제라는 나라와 불교문화에 관심을 갖게 되었으니까.

백제 금동대향로

그렇다면 우리는 어떻게 하면 될까? 1,500년 전에 이렇게 아름답고 찬란한 문화가 있었다는 것에 대해 자부심을 가지고 백제에 대해 더 많은 것을 배워 가야 하지 않을까?

유네스코가 백제역사유적지구를 세계 문화유산 마을로 지정한 이유

백제역사유적지구의 유적과 건축물은 백제의 건축 기술과 불교의 발전 모습을 보여 준다. 백제는 중국, 일본과 자주 교류하면서 발전을 이루었다. 공주, 부여, 익산 세 개 지역 여덟 개 유적지에 있는 불교 사찰, 왕의 무덤, 공격에 대비하기 위한 산성 등은 백제의 정치, 문화, 종교, 예술의 증거이다.

국가 | 대한민국　**위치** | 충청남도 공주시와 부여군, 전라북도 익산시　**등재 연도** | 2015년

지도로 보는 유네스코 세계 문화유산 마을

백제는 기원전 18년에 건국되어 660년에 멸망할 때까지 700년 동안 존속했던 고대 왕국이야. 백제역사유적지구는 공주시, 부여군, 익산시 세 개 지역에 분포된 여덟 개 고고학 유적지로 이루어져 있어.

공산성과 금서루
공산성은 웅진으로 옮겨 온 백제의 궁궐이 있던 자리이자 외적을 막던 성곽이야. 북쪽에 금강을 두고 남쪽에 성을 지은 이유는 고구려가 북쪽에서 쳐들어왔을 때 금강을 통해 막기 위해서였어. 공산성에 들어가면서 처음 만나는 성문이 금서루야.

송산리 고분군
웅진 백제 왕들의 무덤 일곱 기가 있어. 누구의 무덤인지 몰라 1호분, 2호분으로 번호를 붙여 불렀는데 7호분이 무령왕의 것으로 밝혀지면서 백제 시대를 연구하는 소중한 문화유산이 되었어.

무령왕릉
수도를 공주로 옮긴 뒤 백제를 다시 풍요로운 왕국으로 만들었던 25대 무령왕과 왕비의 무덤이야. 일제강점기 때 대부분 도굴된 백제의 다른 고분과 달리 무령왕릉은 전혀 훼손되지 않았고, 이곳에서 왕의 수많은 유물들이 발견되었어.

관북리 유적지
사비로 도읍을 옮긴 뒤 왕궁이 있던 자리야. 부소산이 뒤에서 지키고 앞에 넓은 평야가 있어 왕궁으로 최적의 장소였어. 건물은 사라졌지만 왕궁터를 입증하는 다양한 유물이 나왔어.

부소산성
평소에는 사비 백제 왕궁의 후원이자 휴식처였다가 전쟁 때는 왕궁을 지키는 군사 시설의 역할을 했어.

낙화암과 백화정
백제가 멸망할 때 더 이상 도망갈 곳이 없던 성안의 여인들이 목숨을 던진 절벽이야. 백화정은 그때 목숨을 버린 여인들을 기리기 위해 1929년에 세운 6각형의 정자야.

정림사지와 5층 석탑
사비의 가장 중심부에 세운 절이야. 백제 멸망과 함께 절은 불타 없어지고 지금은 절터였던 흔적과 5층 석탑이 남아 있어. 5층 석탑은 1,500년을 견디며 백제의 불교문화를 상징하는 탑이란다.

미륵사지와 석탑
백제 무왕이 익산을 개발하면서 세운 절이 있던 자리야. 우리나라에서 발굴된 절터 중 가장 넓어. 익산의 미륵사지 석탑은 우리나라에 남아 있는 석탑 중 가장 크고 오래된 것이야.

한국의 **또 다른 마을** 나들이

한반도의 심장

서울

　서울은 대한민국의 수도야. 그렇다면 언제부터 서울이 한반도의 중심이 되었을까? 삼국시대 고구려의 수도는 평양이었고, 신라의 수도는 경주였지. 고려시대에는 수도가 개성이었어. 태조 이성계가 조선을 건국하면서 개성을 떠나 지금의 서울을 도읍으로 정한 거야.

　조선의 도읍지였으니 서울이 600년쯤 되었을 거라고? 아니야. 서울의 역사를 살피려면 백제의 역사부터 따져야 해. 백제가 첫 도읍지로 정한 곳이 한성, 지금의 서울 지역이잖아. 백제 때부터 계산하면 서울은 2,000년이나 되는 긴 역사를 지닌 마을이란다. 서울은 한강을 끼고 있어 농사를 짓기 좋고, 서쪽 바다로 가면 배를 타고 중국으로 가기도 편했어. 삼국시대 때 백제, 고구려, 신라가 서로 차지하려고 욕심을 냈던 것도 이 때문이야.

　하지만 백제의 도읍이었던 한성이 어디인지 정확히는 알 수 없어. 서울 송파구에 해당하는 몽촌토성, 풍납토성 인근일 거라고 추측하고 있지. 풍납토성은 평평한 땅에 흙벽을 쌓아 만든 성이야. 백제는 고구려를 방어하기 위해 이 성을 쌓았어. 이 근처에서 백제시대의 집터와 유물이 쏟아져 나왔어. 더 조사해 보면 백제가 남긴 한성의 역사를 더 많이 알아낼 수 있을 텐데 그게 쉽지 않아. 아파트와 건물로 가득 차 있어서 땅을 파 볼 수가 없거든.

백제의 한성과 조선의 한양은 같은 도읍이었지만 위치가 달라. 한성이 한강을 중심으로 오른쪽 아래에 있었다면, 한양은 한강의 왼쪽 위에 있었어. 지금 서울 종로구와 중구에 해당하는 지역만 조선시대 한양 땅이었지. 물론 대한민국의 서울은 이 모두를 포함한 거대한 도시가 되었지만 말이야.

서울은 한국의 정치, 경제, 교육, 문화, 교통의 중심지야. 인구 1,000만 명이 사는 마을로 과거와 현재가 공존하고 있어. 경복궁, 창덕궁, 덕수궁 등 조선의 궁궐은 전통을 간직한 역사 도시 서울을 보여 주고, 동대문의 거대한 패션산업지구, 여의도의 금융지구, 강남의 상업지구, 구로의 최첨단 IT산업지구에서는 활기찬 서울의 현재와 미래를 볼 수 있단다.

리스컴·종이책이 펴낸 책들

• 자녀교육

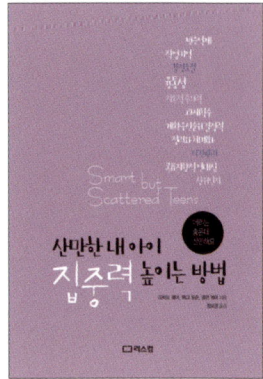

머리는 좋은데 산만해요
산만한 내 아이 집중력 높이는 방법

또래보다 유독 산만한 자녀를 둔 부모라면 주목할 만한 책. 10대 자녀가 어떨 때는 잘 하다가 또 다른 때는 아무런 능력이 없는 것처럼 보이는 이유는 똑똑하지 못해서가 아니다. 행동을 조절하고 목표를 정해서 실행하는 것, 해야 할 일과 하고 싶은 일 사이에서 균형을 잡는 것은 뇌의 기능이자 사고의 과정인 '실행능력'이 있어야 가능하다. 이것이 부족한 10대에게는 일상생활이 곧 전쟁일 수밖에 없다. 이때 부모는 아이에게 부족한 실행능력이 무엇인지 파악하고 그것을 키워줄 수 있는 방법을 배워야 한다. 아이가 약점보다는 강점을 적극적으로 활용하도록 도와주는 내용을 담았다.

리처드 궤어 · 페그 도슨 지음 | 272쪽 | 152×223mm | 12,000원

무엇이든 잘 해내려고 지친 딸을 위하여
딸아, 너무 애쓰지 마라

이 책은 지나치게 애쓰는 딸을 가진 부모들이 기다려온 규범적인 가이드다. '완벽'해져야 한다는 부담감에 짓눌려 '나'를 잃어가는 이 시대의 딸들이 진정한 성공과 행복을 찾아갈 수 있도록 돕기 위해 무엇을 어떻게 해야 하는지 구체적인 사례와 방법을 알려준다. 이 책에는 저자 애나 호메이윤이 10여 년간 교육 컨설턴트이자 청소년 상담가로서 일하며 만난 10대 여자아이들에 관한 이야기가 담겨있다. 특히 〈적용해 보기〉 코너는 부모의 도움이 꼭 필요한 미션도 상당수 포함되어 있다. 아이와 함께 이 책에 담긴 미션을 충실히 수행해보자. 예전보다 훨씬 여유롭고 생기 넘치는 딸이 당신과 함께할 것이다.

애나 호메이윤 지음 | 272쪽 | 152×223mm | 12,000원

반항적인 자녀와 화해하는 프로그램
10대 자녀와 소통하는 기술

반항하는 아이의 심리를 들여다보고 갈등 요인을 찾아 근본적으로 해결할 수 있게 돕는 책. 1부에서 저자는 10대의 반항에 영향을 미치는 4가지 요소로 '자녀의 특성, 부모의 특성, 스트레스, 양육 방식'을 들며, 이 요소들을 변화시켜 반항적인 10대 자녀와 화해할 수 있는 방법들을 알려준다. 2부에서는 10대 자녀의 반항을 개선할 수 있는 10단계 프로그램을 제시해 실생활에 적용할 수 있게 했다. 청소년 전문 심리학자인 저자들이 그동안 쌓아온 연구결과들을 실제사례에 적용해볼 수 있도록 다양한 팁과 Q&A를 제공한 것도 이 책의 강점이다.

러셀 A. 바클리 · 아서 L. 로빈 지음 | 324쪽 | 152×223mm | 13,000원

• 어린이 학습 · 교양

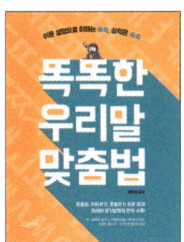

쉬운 설명으로 이해는 쏙쏙, 실력은 쑥쑥
똑똑한 우리말 맞춤법
알쏭달쏭한 우리말 맞춤법을 정부가 고시한 어문 규정을 기본으로 하여 체계적이면서도 알기 쉽게 설명했다. 각각의 원칙에 따른 다양한 예문을 함께 수록했기 때문에 어느 문장에서도 응용이 가능하며 예외 규정에 대해서도 원칙과 사례의 설명을 풍부하게 담았다.
공주영 감수 | 216쪽 | 180×240mm | 12,000원

2015 한국출판문화진흥재단
올해의 청소년 교양도서

생각을 키우는 철학 이야기
내 마음에게 물어봐요
어린이를 대상으로 한 희망네트워크의 철학 강의를 엮은 책. 어려운 철학 지식이 아닌 살아가면서 겪는 흔한 질문들을 던짐으로써 아이들이 스스로 생각할 수 있도록 도와준다. 자아, 존재, 세계, 생각, 삶과 죽음에 대한 질문에 차근차근 답하다 보면 건강한 마음을 갖게 되고 사고력과 창의력도 쑥쑥 자란다.
박남희 지음 | 136쪽 | 180×240mm | 12,000원

재미있고 신나게 요리하며 공부해요
조물조물 뚝딱뚝딱 어린이 요리
생각을 키우고 오감을 발달시키며 요리에 대한 흥미를 키우는 어린이 요리책. 아이에게는 창의력을 발달시키는 놀이도구로, 아이와 요리하는 엄마들에게는 맞춤 요리책으로, 아동요리지도사에게는 교재로 쓰이기에 알맞다. 과학, 수학, 미술, 영어, 문화를 재미있게 배울 수 있는 다양한 요리 45가지가 소개된다.
이지은 지음 | 136쪽 | 210×275mm | 11,200원

2014 보건복지부
우수건강도서

물어볼 수 없었던 우리 몸의 모든 것!
꼬질꼬질 우리 몸의 비밀
여드름은 왜 생길까? 내가 먹은 음식이 어떻게 똥이 될까? 차마 창피해서 물어보지 못했던 비밀들! 이 책은 우리 몸에 관한 모든 궁금증들을 재미있고 유쾌하게 설명한다. 우리 몸의 비밀을 하나씩 풀다 보면 나도 모르는 사이에 건강상식을 배우게 되고, 우리 몸을 지키기 위한 올바른 습관도 익히게 된다.
폴 메이슨 지음 | 60쪽 | 193×260mm | 8,800원

2012 문화체육관광부
우수교양도서

인문학의 시선으로 과학을 본다
세상을 바꾼 과학이야기
위대한 발견과 발명, 그리고 그것을 이뤄낸 사람들에 관한 이야기. 과학 커뮤니케이션계의 이야기꾼인 저자가 신문에 연재했던 흥미진진한 과학 칼럼들을 엮은 것으로 기적의 섬유 나일론의 발명, 인간보다 먼저 우주를 비행한 개, 풀리지 않는 수수께끼 투탕카멘의 저주 등 놀랍고 재미있는 이야기가 가득하다.
권기균 지음 | 224쪽 | 152×223mm | 12,000원

창의력 팡팡!
신기한 과학 실험실
지루한 교실을 벗어나 새로운 세상을 탐험하고 싶어 하는 꼬마 과학자들을 위한 책. 눈앞에서 순식간에 얼어버리는 물, 분수처럼 뿜어져 나오는 콜라를 보면 더 이상 과학시간이 지루하지 않을 것이다. 재미있고 신기한 과학 실험을 해나가다 보면 자기도 모르게 과학상식과 창의력이 쑥쑥 자랄 것이다. 어서 시작해보자!
다니엘 타타스키 지음 | 120쪽 | 193×210mm | 11,200원

어린이 환경 동화 시리즈 1
물 마시다 배탈 난 호랑이의 물 이야기
연못의 물을 스스로 메워 버린 뒤 목이 말라 쩔쩔매는 욕심쟁이 호랑이의 우스꽝스러운 이야기. 현재미있고 유쾌한 동화를 읽다 보면 교과과정에 나오는 물의 과학과 환경에 대해 자연스럽게 알게 된다. 마실 물이 없어진 호랑이는 어떻게 될까? 흥미진진한 이야기와 함께 신비한 물의 세계로 떠나보자.
초등과학논술교사모임 지음 | 136쪽 | 180×240mm | 9,500원

어린이 환경 동화 시리즈 2
번개 맞은 대머리 참새의 날씨 이야기
날개를 다쳐 엄마를 따라가지 못한 새끼 흰꼬리수리와 머리가 벗겨진 대머리 참새의 흥미진진한 모험담. 재미있는 동화를 읽다 보면 날씨의 과학과 환경에 대해 자연스럽게 알게 된다. 새끼 흰꼬리수리는 솔개의 습격과 황조롱이의 모함, 태풍과 모래바람을 헤치고 엄마를 찾아 북쪽으로 날아갈 수 있을까?
초등과학논술교사모임 지음 | 144쪽 | 180×240mm | 9,500원

유익한 정보와 다양한 이벤트가 있는
리스컴 블로그로 놀러 오세요!

홈페이지 www.leescom.com
리스컴 블로그 blog.naver.com/leescomm
페이스북 facebook.com/leescombook

지은이 | 이정주
그린이 | 민재회

편집 | 김연주 이희진 최현영 박수현
디자인 | 양혜민
마케팅 | 장기봉 김수정 이진목
경영관리 | 박태은

초판 1쇄 | 2017년 12월 15일
초판 2쇄 | 2018년 12월 20일

펴낸이 | 이진희
펴낸곳 | 종이책

주소 | 서울시 강남구 광평로295, 사이룩스 서관 1302호
전화번호 | 대표번호 02-540-5192
　　　　　영업부 02-544-5934, 5944
　　　　　편집부 02-544-5922, 5933 / 540-5193

FAX | 02-540-5194
등록번호 | 제2-3348

이 책은 저작권의 보호를 받는 출판물입니다.
이 책에 실린 이미지와 글의 무단 전재 및 복제를 금합니다.
잘못된 책은 바꾸어 드립니다.

*종이책은 도서출판 리스컴의 인문·아동서 브랜드입니다.

ISBN 978-89-94149-38-7 73900
책값은 뒤표지에 있습니다.